Waltraud-Maria Hulke

Erzengel
lichtvolle Helfer

Eine Einweihung in die Liebe
und das Licht der Erzengel

WINDPFERD

7. Auflage 2003

Umschlaggestaltung: Kuhn Grafik, Digitales Design, Zürich
Lektorat: Uwe Hiltmann, Niedernhausen/Ts.
Layout/Satz: *panta rhei!* – MediaService, Uwe Hiltmann, Niedernhausen/Ts.
Gesamtherstellung: Schneelöwe, Aitrang

ISBN 3-89385-171-2

Printed in Germany

Dieses Buch ist all jenen in Liebe zugedacht, die sich in ihrem Inneren dazu aufgerufen fühlen, neue Ufer zu betreten, um dort die Lebensgrundlage zu finden, die dazu geeignet ist, Einblick in spirituelle Bereiche zu gewinnen und um dadurch auch eine neue Lebensform zu erblicken, die sich der Spiritualität der Seele anpaßt und somit ihre Höherentwicklung und ihre Reife fördert und beschleunigt.

All jenen sei ans Herz gelegt, daß es Gottes Wille ist, daß alle Wesen frei und unbeeinträchtigt durch die irdische Zeit gehen, um all das in Angriff zu nehmen und zu bewältigen, was anliegt, um in höhere Bereiche des LICHTES überzuwechseln.

Gottes Segen ruht auf diesem Buch und erfüllt sich in den Herzen derer, die guten Willens sind und die sich ihrer inneren Stimme des Herzens anvertrauen, um damit dem Göttlichen Willen verbunden und dem LICHT nahe zu sein.

Möge Euer Glaube Euch allen dazu verhelfen, das anzunehmen und nachzuvollziehen, was hier als eine Manifestation des LICHTES auf Erden und als eine Materialisierung der Wahrheit, die im Göttlichen Herzen ihren Ursprung hat, aufgezeichnet wurde.

Diese Worte stammen aus dem hohen Bereich des LICHTES und sind sowohl als Aufruf als auch als liebevolle Erinnerung zu verstehen, daß es für uns Menschen von ganz großer Bedeutung ist, unserem Wesen gemäß zu leben und zu wirken, um in der vollen Ausschöpfung unserer geistigen Kapazität eine Leistung zu erbringen, die sich als eine Offenbarung unseres Göttlichen Funkens, unserer Gottgegenwart ICH BIN zum LICHT emporschwingt, um dort gesegnet zu werden und um uns dann als Lohn zurückzufließen – als ein Lohn, der vor Gottes Angesicht Gnade und Anerkennung gefunden hat und damit *ewig* währt.

Inhaltsverzeichnis

An meine Leser

Ich bin erfüllt mit Freude und Dankbarkeit, hiermit ein Buch überreichen zu dürfen, das vielen Menschen eine große Erleichterung bringen wird, weil sie darin erkennen werden, daß Gott in SEINER Liebe, Güte und Barmherzigkeit für uns Hilfe in Form von Erzengel-Botschaften bereitgestellt hat, die wir begreifen und nachvollziehen können und die außerdem eine einleuchtende Erklärung bieten, wenn man sich damit auseinandersetzt und ihnen zu folgen bereit ist.

Deshalb ist dieses hier vorliegende Buch ein unsagbar kostbares Geschenk, das uns aus den hohen Gefilden des LICHTES entgegengebracht wurde und das dazu beiträgt, Unklarheiten und Verwirrungen, denen wir seit urdenklichen Zeiten ausgesetzt sind, in eine greifbare Form zu bringen, um so auflösen und bereinigen zu können, was einer solchen Transformation bedarf.

Nun liegt es an mir, dieses große Geschenk in Empfang zu nehmen und weiterzugeben an all die Suchenden und Hoffnungsvollen, die in ihrem Herzen spüren, daß Gott Liebe, Güte und Barmherzigkeit verkörpert und daß damit Gnade, Hilfe, Loslösung von altem Karma sowie Erneuerung und Befreiung möglich ist.

Wir alle gemeinsam, die wir diesen Worten Glauben schenken können, wir wurden nun an die Hand genommen, um unseren Lebensweg zu überprüfen und festzustellen, wo eine Veränderung, Klärung oder Auflösung notwendig geworden ist, um frei, unbeeinträchtigt und eigenverantwortlich unser irdisches Dasein bestmöglich zu bewältigen und abzugelten, um dann in höheren Gefilden unsere Evolution fortsetzen zu können.

Ich bin erfüllt mit Licht und Liebe – und deshalb als Werkzeug auserwählt worden, dieses Buch aus der geistigen Hierarchie der Erzengelfürsten empfangen und weitergeben zu dürfen. Dafür empfinde ich eine innige Dankbarkeit. Ich bin dankbar, weil ich meinen bisherigen Weg durch die Zeit unbeschadet und heil überwinden konnte, und ich bin dankbar dafür, daß meine Bitten, ein Lichtträger sein zu dürfen, so wunderbar erhört wurden.

Nun stehe ich hier als ein lebendiges Beispiel für all das, was in diesem Buch dargelegt und aufgezeigt wird und was sich im Zeichen des LICHTES umgewandelt, vergeistigt und zu unserem Heil und Segen manifestiert hat.

Eine solche Manifestation des LICHTES liegt nun hier vor uns. Es ist das Bemühen einer Seele, der Finsternis zu entrinnen und dem LICHT entgegenzustreben, und es ist damit die Gnade des Schöpfers, der SEINEN Segen auf dieses Bestreben gelegt hat.

In diesem Sinne übergebe ich diese wunderbare Lichtbotschaft an alle, die sich darin erkennen und wiederfinden können und die daraus den Halt, die Zuversicht und die Gewißheit gewinnen wollen, um damit unbeirrt und ohne Zwang und Druck von außen ihren ganz persönlichen, individuellen Weg zum LICHT finden und in Angriff nehmen zu können.

Ich bin dazu bereit, mit allen meinen Kräften und Fähigkeiten mitzuhelfen, LICHT ins Dunkel zu bringen und damit Unklarheit und Zweifel beiseite zu räumen, denn ich habe erkannt und selbst ganz eindrucksvoll erleben dürfen, daß wir *alles* zur Verfügung haben, was wir brauchen, um unseren Weg auch bewältigen zu können und deshalb möchte ich hiermit allen Mut machen, die sich in den Wirrnissen des Lebens verfangen haben und momentan keinen Ausweg daraus erblicken können.

Gebt nicht auf, sondern erhebt Euren Blick nach oben zu den liebevollen, gütigen und hilfsbereiten Erzengeln und bittet dort um Unterstützung, Klärung und Loslösung von allen Qualen und Schmerzen, die Euch bedrücken.

Ihre Antwort ist immer gegenwärtig, klar, deutlich und damit auch greifbar und nachvollziehbar.

Ich weiß, wovon ich spreche, denn ich habe diesen Weg persönlich durchschritten und Erfahrungen gewinnen dürfen, um damit aus den tiefsten Tiefen wieder emporzukommen und das LICHT zu finden. Dort stehe ich jetzt und habe Aufgaben übertragen bekommen, die ich mit demütigem, dankbarem Herzen hiermit ausführe.

Ich bin mit Licht und Liebe

Eure
Waltraud-Maria Hulke

– Ostern 1996 –

Die Hierarchie der Erzengel

Der hohe Bereich der Erzengel-Hierarchie ist mit dem Licht der Universalsonne durchflutet. Er ist erfüllt mit der Kraft des Urlichtes, das hinter unserem Sonnensystem als die Urkraft der Schöpfung Lebensenergie ausstrahlt, die durch unser Sonnensystem zur Erde herabtransformiert wird.

In diesen Gefilden herrscht das Licht und verkörpert damit die ursprüngliche Ordnung der Göttlichen Schöpfung, die sich als ein ausgewogenes, harmonisches, vollkommenes Lebensbild darstellt.

Die Erzengel sind in ihrer Funktion damit betraut, dieses Licht auf die Erde herunterzuspannen, um uns damit die Qualitäten zur Verfügung zu stellen, die sich in den Farben des großen, Weißen Lichtes befinden und die all die Schwingungen aufweisen, die für Harmonie, Ordnung und vollkommene Lebenserfüllung erforderlich sind.

Deshalb haben sich sieben der Großen Erzengel den Sieben Farbstrahlen aus der Universalsonne unterstellt, um mit diesen in ihrer vollkommenen Schwingungsqualität zu wirken.

Ein jeder dieser großen sieben Erzengel ist von Gott mit umfangreichen Machtbefugnissen ausgestattet worden, um damit wirkungsvoll in das irdische Geschehen eingreifen zu können, dieses zu veredeln und es dem Farbstrahl, gemäß seiner ausgewogenen Eigenschaften, immer mehr anzugleichen.

Damit stehen sie unter dem besonderen Schutz und Auftrag Gottes und wirken in ihrem Dienst als auflösende und ausgleichende Helfer aus den hohen, jenseitigen Gefilden, in uneigennütziger und selbstloser Weise.

Sie haben sich diesem Wirken freiwillig unterstellt und sind in ihrer Tätigkeit mit dem Wunsch am Werk, damit eine unmittelbare Hilfe in solche Situationen einfließen zu lassen, die in ihrer Schwere nach einem außerordentlichen Beistand verlangen.

Erzengel Michael ist der Führer der Erzengel sowie der gesamten Engelschar und deshalb wird er auch als der „Fürst der himmlischen Heerscharen“ bezeichnet. Er verrichtet seine Hilfeleistungen auf dem Ersten Strahl des Lichtes, der in der Farbe Saphirblau schwingt und der den Glauben, den

Göttlichen Willen, den Schutz sowie die Befreiung von allem Unguten verkörpert.

Goldgelb leuchtet der Zweite Strahl, auf dem Erzengel Jophiel wirkt und der Beständigkeit, Erleuchtung, Weisheit, Unterscheidungskraft und Fortschritt repräsentiert.

Der Dritte Strahl schwingt in der Kraft der rosa Flamme und steht unter der Leitung von Erzengel Chamuel. Er ist der Erzengel der Mildtätigkeit, der bedingungslosen, geistigen Liebe, der Barmherzigkeit, der Toleranz und des Mitgefühls.

Erzengel Gabriel dient auf dem Vierten Strahl der Hoffnung, Vervollkommnung, der Ausgewogenheit, Reinheit und Erneuerung, dem das kristallweiße Licht entspricht.

Der Fünfte Strahl erglüht im harmonischen Grün und versinnbildlicht Wahrheit, Heilung, Erleuchtung, Konzentration und Weihung. Raphael ist der mächtige Erzengel, der sich diesem Lichtstrahl geweiht hat.

Erzengel Uriels Wirken bezieht sich auf die rubinrotgoldene Sphäre und verkörpert damit ausübende Gnade, selbstloses Dienen sowie Frieden und vollkommenes Heilsein.

Erzengel Zadkiel steht mit der violetten Flamme auf dem Siebten Strahl des Lichtes. Es ist der Strahl des Wassermann-Zeitalters, der Umwandlung, vollkommene Reinigung, Transformation, Vergebung, Göttliche Gerechtigkeit und grenzenlose Freiheit ausstrahlt.

Die Namen aller Erzengel enden mit der Silbe „el“ was soviel wie „Die von Gott Gesandten“ oder „Die Botschafter Gottes“ bedeutet. Demgemäß verdeutlicht jeder Erzengel die unmittelbare Gottgegenwart seines erleuchteten Wesens in den Schwingungen seines Namens.

MICHAEL	läßt sich mit „Wer ist wie Gott?“ übersetzen und seine Antwort darauf lautet: „Gott ist ohnegleichen!“
JOPHIEL	bedeutet soviel wie: „Gott ist meine Wahrheit“
CHAMUEL	steht unter dem Begriff : „Gott ist mein Ziel“
GABRIEL	heißt in der Übersetzung: „Gottes Kraft“
RAPHAEL	verkörpert den Begriff: „Gott heilt“
URIEL	versinnbildlicht das „Feuer Gottes“
ZADKIEL	verdeutlicht mit seinem Namen das „Wohlwollen Gottes.“

Im Kosmos befinden sich viele Galaxien, die sich mit Lebewesen bevölkert haben, die im Zeichen des Lichtes ihren Dienst verrichten. Dazu gehören auch die sieben Großen Erzengel, die es sich zum Ziel gesetzt haben, zur Ehre Gottes und zum Wohl der Schöpfung tätig zu sein und dem Licht zum Durchbruch zu verhelfen, indem sie es in seinen Strahlen und in seiner Leuchtkapazität stärken, schützen und vervielfachen.

Das vollzieht sich vor allem in der ständigen Präsenz der Erzengel im Bereich der irdischen Sphären, die so in ihrem Wirkungsbereich stets eingreifen und helfen können, wenn es die Gegebenheiten erfordern und zulassen.

Man muß sich hier eine Macht vorstellen, die sich stets zur Verfügung hält, um Sicherheit, Schutz, Hilfe, Trost und Heilung für die Menschheit durch die Kraft ihrer lichterfüllten Wesen auszuströmen.Diese können in sich das Licht gebündelt zur Entfaltung bringen und sind damit in ihrem Dienst an den Menschen unermüdlich im Einsatz.

Es ist ein Dienst zum Lob und zur Ehre Gottes und SEINES heiligen Namens, und es ist eine liebevolle Zuwendung an die Geschöpfe, die in sich den Göttlichen Funken tragen und die damit ein Teil des Schöpfers und SEINER Liebe, Güte und Barmherzigkeit sind.

Dafür machen sich diese hohen Wesen stark, und damit haben sie sich verbündet, um sich sozusagen zu einer Lichtarmee auf der irdischen Ebene zu formieren, die sich in die Belange der materiellen Verkörperung unermüdlich einfügt, um auf diese Weise dem Schatten entgegenzuwirken, der sich im Gegenzug zum Licht dort manifestiert hat.

Im Schatten der Materie ist es ihnen ein Anliegen, Licht in die Dunkelheit zu bringen und die hohen Vibrationen des Lichtes und seiner Farben zu verstärken und in Herzen einfließen zu lassen, die sich danach ausrichten und die erkannt haben, daß die Suche nach dem Licht die einzig wahre Lebenserfüllung darstellt.

Im Laufe der Entwicklung einer Seele stellt sich immer stärker die Sehnsucht nach dem Licht ein, und es werden zunehmend intensivere Gefühle und Wünsche wach, die sich damit auseinandersetzen, dem wahren Ursprung des Lebens wieder näher kommen zu wollen.

Darin verkörpert sich die Göttliche Gnade, die in diesem Bemühen zum Ausdruck gebracht wird, die dabei unterstützend eingreift und die hilfreich das zur Verfügung stellt, was dementsprechend zielführend ist. Das ist auch das Hauptanliegen der Erzengel, die sich nun gleichsam als der „verlängerte Arm Gottes“ anbieten und zur Verfügung stellen, damit ein Weg beschritten werden kann, der dem Licht entgegenführt.

Aus diesem Blickwinkel heraus betrachtet, können wir es gar nicht hoch genug einschätzen, was es für uns bedeutet, diese großartigen Helfer an unserer Seite zu wissen, die sich als die Lichtarmee Gottes verstehen und die eine enorme Macht und Stärke repräsentieren, um uneingeschränkt und unmittelbar helfen und eingreifen zu können.

Der Grundgedanke, der sich dahinter verbirgt, ist in der Göttlichen Gnade zu finden, die sich uns hier offenbart und mit der wir auf diese Weise unmittelbar konfrontiert sind. Im Wissen um dieses große Mysterium der Liebe liegt aber gleichzeitig auch ein mächtiges Kraftpotential, das uns befähigt, bewußt dort um Hilfe und Unterstützung zu suchen, wo die Lichtkapazität am stärksten und am unmittelbarsten zu finden ist, nämlich im hohen Bereich der Erzengel-Hierarchie, die sich im Dunstkreis der kosmischen Universalsonne befindet. Sie ist deshalb ein Lichtträger von höchster Güte, dem ungeahnte Qualitäten zugrunde liegen.

Als Menschen auf dem Weg zum Licht sind wir damit in eine Erkenntnis emporgehoben worden, die uns die Möglichkeit verleiht, Anschluß an die Macht der Schöpfung zu finden, im Sinne der Selbstverwirklichung und der Selbstveredelung unserer Seele und ihrem Bestreben, den Weg zurück zum Licht zu finden.

Im einzelnen heißt das nicht mehr und nicht weniger, als daß wir uns im Wissen um dieses Hilfspotential vertrauensvoll daranmachen können, unseren bisherigen Weg zu überprüfen, unsere Ziele erneut auszurichten und abzustekken, um die noch vor uns liegende Seelenwanderung zu verkürzen, indem wir sie bewußt effektiver und kraftvoller gestalten.

Unter diesem Motto wollen wir uns nun gemeinsam aufmachen, um den hohen Bereich der Erzengel besser zu verstehen und kennenzulernen und um daraus eine für uns ganz persönlich zugeschnittene Erfahrung zu machen, die uns dabei behilflich sein wird, weiterzukommen, zu reifen und zu wachsen, um schließlich als Lichtträger heimzukehren in die Gefilde des Lichtes, in denen Ruhe, Frieden und wahre Glückseligkeit zu Hause sind.

Erzengel Michael

Erzengel Michael ist der Fürst der Erzengel-Hierarchie und damit der Herr über diese Gefilde des Lichtes. Er ist es, dem Legionen von Engelscharen zur Seite stehen, um das Licht zu verstärken und die Dunkelheit abzuwehren. Es liegt in seiner Macht, die Qualität der Lichtenergie zu erhöhen und auf eine Ebene anzuheben, auf der sogenannte „Wunder" möglich sind.

Das heißt, Erzengel Michael unterliegt es, die Tiefen der Materie mit einem Energienetz zu überspannen, das sich in die Höhen der Wunderkraft hinaufwölbt, um dort die Verankerung mit dem Licht sicherzustellen. In diesem Lichtnetz findet sich alles, was an Bitten, Hoffnungen, Wünschen und Sehnsüchten an das Lichtreich in dem Bestreben herangetragen wurde, Lebenssituationen zum Besseren wenden zu wollen oder Ziele zu erreichen, die dem Licht entsprechend sind.

Erzengel Michael ist der Kämpfer für das Recht und die Gerechtigkeit, und er ist in seinem Wirkungskreis damit betraut, Uneigennützigkeit, Hilfsbereitschaft und Mitmenschlichkeit besonders stark zu unterstützen und zu fördern. In ihm finden all jene einen machtvollen Helfer, die sich um das Wohl der Schöpfung und seiner Geschöpfe sorgen und die sich kampflos für das Gute, Wahre und Gerechte einsetzen.

Oftmals ist Erzengel Michael mit seinem Heer bei denen im Einsatz, die sich als Kämpfer für das Gute mit einer Macht konfrontiert sehen, die sich unbeugsam und schier unüberwindlich vor ihnen aufbaut und der mit menschlichen Möglichkeiten nicht beizukommen wäre.

In solchen Momenten trägt stets das Licht den Sieg davon. Ein Helfer aus dem Erzengelbereich ist immer dazu in der Lage, unerbauliche Situationen umzukehren und Licht ins Dunkel zu bringen. Daran erkennen wir die mächtige Gegenwart dieser hohen Lichtwesen, die als „Krieger Gottes" stets mit unerschöpflichen Lichtenergien ausgerüstet sind und deshalb auch immer siegreich aus diesen Konfrontationen hervorgehen.

In diesem Zusammenhang ist es jedoch sehr wichtig zu erwähnen, daß die Erzengel ihrerseits ebenfalls an das kosmische Gesetz gebunden sind, das sowohl den freien Willen des Menschen als auch seine karmische Läuterungsphase zu berücksichtigen hat.

Hier spiegelt sich ein Göttliches Vorrecht wieder, das Gott uns Menschen eingeräumt hat und das einerseits den freien Willen, andererseits aber auch das Auflösen selbstverschuldeter Ursachen zur Grundlage hat. Damit ist ein Prozeß in Gang gesetzt, der sich um jedes menschliche Wesen herum abspielt und der im feinstofflichen Bereich einen gegengleichen Pol aufweist, der damit in Resonanz steht.

Das bedeutet, daß selbstgelegte Ursachen, die aus dem Machtbereich des freien Willens heraus zum Ausdruck gebracht wurden, im gegengleichen Austausch mit Erfahrungen derselben Qualität selbst durchlebt und ausgeglichen werden müssen.

Darin liegt die wahre Güte Gottes, die sich in einer absoluten Gerechtigkeit offenbart und die damit jeder Seele die Möglichkeit anbietet, aus selbstverschuldeten Verstrickungen wieder herauszufinden und sie auf diese Weise aufzulösen und zu tilgen.

Wenn ein solcher karmischer Läuterungsprozeß im Gange ist, dann ist es auch den Erzengeln nur begrenzt möglich, einzugreifen und zu glätten, denn dann handelt es sich um eine Gnade Gottes, die dem Menschen zur Verfügung gestellt worden ist, um alten Ballast aufzuarbeiten und schließlich abzuwerfen und um sich damit von einer Schuld zu befreien, die der Seele den Weg zum Licht verwehrt.

Es ist das Gesetz von Ursache und Wirkung, dessen absolute Gerechtigkeit der Mensch hier erfährt und dem wir alle unterliegen, da wir freie Wesen mit dem Göttlichen Vorrecht des freien Willens sind und uns damit auch freiwillig diesem Gesetz unterworfen haben, denn das eine bedingt der Logik entsprechend das andere.

Im Reich des Lichtes ist es offenkundig, wie hoch das Schuldenkonto einer Seele ist und welche Maßnahmen zur Tilgung desselben getroffen werden müssen. Das Buch der Seelen, in dem alles ganz genau aufgezeichnet ist – es wird die „Akasha-Chronik“ genannt – läßt keine Zweifel oder Unklarheiten aufkommen. Hier ist alles, vergleichbar einer Computer-Datei, präzise und klar vermerkt, und hier ist gespeichert, welchen Status eine Seele bisher erreichen konnte, wieviel Licht sie sich wieder erworben hat und welche Schatten es noch auszugleichen und zu tilgen gilt.

Dieses Wissen ist den Erzengeln jederzeit zugänglich, und es bindet sie in ihrer Tätigkeit insofern, als daß sie deshalb oftmals nicht unmittelbar in Notsituationen eingreifen können, weil sie, dem karmischen Gesetz gehorchend, dieses nicht vollziehen dürfen.

Das ist ein ganz wesentlicher Punkt, den wir beachten müssen, wenn wir uns um Hilfe nach oben wenden. Vollkommene, wundertätige Zuwendungen sind aus dem hohen Lichtbereich nur dann möglich, wenn sie zu unserem höchsten Wohl gereichen und wenn sie den Prozeß der karmischen Seelenläuterung nicht behindern oder verzögern. Dennoch wird jeder unserer Hilferufe voll Liebe und Mitgefühl im Erzengelbereich registriert und wohlwollend in Empfang genommen, auch wenn spontane Hilfeleistungen nicht möglich sind, da sie unmittelbar in ein Geschehen eingreifen würden, das zum höchsten Wohl unserer Seele gerade unumgänglich ist.

Jedoch auch in solchen Phasen bleibt unser Flehen niemals unerhört, denn die Erzengel sind Wesen, die eine Verkörperung der Göttlichen Tugenden repräsentieren – Liebe, Güte und Barmherzigkeit. Jedem, der aus vollem Herzen heraus bittet, wird stets Trost, Linderung und Unterstützung gewährt: in Form einer spirituellen Energieübertragung, die aus dem hohen Bereich des Lichtes herabfließt.

Die Lichtfrequenz wird dann heruntertransformiert und strömt in Form kräftigender Farbstrahlen in das feinstoffliche System des Menschen ein.

Dieses vollzieht sich ganz unmittelbar, und man fühlt zusehends immer mehr, wie Hoffnung, Gelassenheit und Zuversicht wieder zurückkehren – neue Energien, die es einem schließlich ermöglichen, einer zuvor auswegslos erscheinenden schwierigen Situation nun selbstbewußt und vertrauensvoll entgegenzutreten, um sie im vollen Bewußtsein der eigenen Schöpferkraft letztendlich zu meistern.

Es ist zu beobachten, daß bei betenden Menschen ein blauer Lichtschein die Aura erfüllt, der zunehmend stärker und klarer zu leuchten beginnt. Hoffnungslosigkeit und Verzweiflung lösen sich darin immer mehr und mehr auf, um dann schließlich Gefühlen von Glauben, Gottvertrauen und Zuversicht Platz zu machen.

Darin verdeutlicht sich die übergroße Hilfe aus dem Lichtreich und die ständige Präsenz dieser liebevollen Wesen, die sich dem Licht als Diener angeboten haben.

Der Lichtstrahl, auf dem Erzengel Michael seinen Dienst verrichtet, ist von einem leuchtenden Saphirblau – dem Blau eines strahlenden Himmels ohne Wolken, in seiner grenzenlosen Weite. Der saphirblaue Lichtstrahl ist die Frequenz, auf der er mit seinen Lichtwesen Hilfe auf die Erde herabfließen läßt und auf der er ständig im Einsatz ist.

Blau ist die Farbe des Friedens und des Vertrauens sowie des Glaubens und der Umsetzung des Göttlichen Willens, über die freie Entscheidung des eigenen Willens.

Blau verkörpert die Qualität der mütterlichen Zuwendung, des Schutzes und der Verbindung mit dem Höheren Selbst, das in der inneren Stimme des Herzens seinen vollkommenen Ausdruck findet.

Intuitionen sind die greifbaren Hinweise aus dieser Quelle des Göttlichen Funkens in uns selbst, und sie sind es, die durch die bewußte Aufnahme der blauen Farbenergie gesteuert und verstärkt werden können.

Blau in seiner unbegrenzten Macht des Glaubens und des Gottvertrauens ist auch die Farbqualität der spontanen Heilung, der Schmerzlinderung und des Loslösens von Gefühlen der Hoffnungslosigkeit, der Melancholie und des Selbstzweifels.

Das sind Seelenzustände, die sich mit dem blauen Lichtstrahl auflösen und umwandeln lassen und die sich schließlich ins Gegenteil verkehren, wenn die blaue Energie wieder im feinstofflichen System verankert ist.

Im Wissen um die Macht des Lichtes und seiner wunderbaren Farben ist es uns ermöglicht worden, damit in direkter Weise zu arbeiten, um uns mit der Farbqualität, die wir in

Empfang nehmen möchten, zu veredeln und diese in unserem geistigen System zu verankern.

Dazu gehört vor allem die Kraft der Visualisierung, die dabei behilflich ist, in unserem Vorstellungsvermögen einen Verbündeten zu haben, der uns die Vereinigung mit dem gewünschten Farbstrahl auf geistigem Wege ermöglicht.

Das ist sozusagen der „heiße Draht“, den wir in uns tragen und der uns mit Elan in die Welt der Farben hinaufträgt. Damit erfüllt sich ein weiteres, Göttliches Gesetz, das da lautet: „Bittet – und es wird euch gegeben werden, danket – und der Segen Gottes ruht darauf“.

In diesem Satz liegt eine sehr einleuchtende Erklärung für das eben Gesagte. Hier verdeutlicht sich nämlich, daß wir mit unserem freien Willen die Macht haben, Wünsche und Sehnsüchte an das Göttliche Licht heranzutragen, um daraus, wie aus einer unermeßlichen Quelle, schöpfen zu können und um damit eine Veredelung unseres irdischen Daseins zu bewirken, die mit nichts anderem aufzuwiegen ist.

Daran zeigt sich wiederum die Macht, die uns gegeben wurde und die im Einbringen unseres Willens liegt, der sich aus dem freien Entschluß einer Seele rekrutiert und der damit auch mit dem Göttlichen Willen in vollkommener Übereinstimmung ist.

Im Zeichen des Lichtes ist es uns also möglich, unseren freien Willen in Dimensionen hinaufzutragen, in denen das Göttliche Prinzip des Bittens und des Empfangens, in Verbindung mit dem innig empfundenen Dank dafür, seine uneingeschränkte Gültigkeit hat. Diese großartige Erkenntnis macht es uns möglich, in Sphären hinaufzugelangen, in denen der Ursprung der Schöpfung liegt und wo die Fülle sowie die grenzenlose Freiheit angesiedelt sind.

Der konkrete Vorgang einer Wunschrealisierung, die uns mit Hilfe des blauen Strahls möglich ist, ist also folgender:

Man verbindet sich über den Atem mit dem blauen Strahl des Lichtes und bittet, im Wissen um die unermeßliche Kraft dieses Energiestroms, der den Glauben an die Göttliche Gegenwart in sich trägt, um Hilfe. Das ist eine Bitte, die sich aus den Tiefen des Seins herauskristallisiert hat – und die demgemäß im Göttlichen Plan der Seele ein Echo findet.

Im Einklang mit den eigenen Wünschen zu sein bedeutet auch, auf dem Weg zum Licht weiterkommen zu wollen – und das ist der geistige Hintergrund eines brennenden Anliegens, das sich in einem festgesetzt hat und das immer mehr und mehr nach seiner Erfüllung drängt.

In diesem Vorgang verdeutlicht sich jedoch auch das ständige Wachstum und die Weiterentwicklung einer Seele, die nicht stehenbleiben möchte, sondern die sich in ihrem tiefsten Inneren danach ausrichtet, dem Licht entgegenzureifen. Das ist vergleichbar mit dem Vorgehen in der Natur.

Dort strebt ebenfalls alles dem Lichte entgegen, nachdem es sich aus dem nährenden und schützenden Schoß der Mutter Erde – dem „blauen" Planeten – emporgehoben hat, um im Sonnenlicht stetig mehr Größe und Reife zu erfahren, jedoch niemals, ohne die feste Verbindung mit dem Nährboden zu verlieren, denn das würde ein sicheres Ende dieser Wachstumsperiode bedeuten.

Genauso ergeht es uns, die wir uns hier auf Erden inkarniert haben, um eine Zeitspanne des Wachstums und der Reife zu erleben und um damit dem Licht wieder ein großes Stück näher zu kommen. In diesem Vergleich erkennen wir die Wichtigkeit des blauen Strahles, der auch als der Erste Strahl des Lichtes aus dem Herzen Gottes bezeichnet wird.

Es ist die nährende, schützende, wachstumsfördernde Qualität, die uns die Kraft zur Weiterentfaltung und zur Reife schenkt, und es ist das Urprinzip des Schutzes, des Vertrauens und des Glaubens an die Macht der Schöpfung, das uns den Halt und die Sicherheit vermittelt, die wir für ein geschütztes, unbehindertes Wachstum benötigen. Im blauen Licht finden wir all das, was für unser Aufwärtsstreben notwendig ist, aber gleichzeitig auch jenes, was uns diese Seelenentwicklung fördert, um sie besser und wirkungsvoller durchleben zu können.

Deshalb wollen wir hier noch einmal das Thema der Wunschverwirklichung ansprechen, denn darin finden wir den Gegenpol, der uns die Mühen des Wachsens und Reifens mit dem Privileg vergoldet, dafür auch an die „Große Quelle" treten zu dürfen, um von dort die Unterstützung zu holen, die uns für unseren Lebensprozeß notwendig erscheint.

Auch hier befinden wir uns wieder im Machtbereich des Erzengels Michael. Er nimmt uns in seine Obhut, wenn wir uns vertrauensvoll an die Urquelle der Schöpfung wenden, um dort die Materialisierung vorzunehmen, die unser Dasein auf höhere Ebenen hinaufführen soll.

Damit sind wir wieder bei einem ganz wichtigen Punkt angelangt, denn auch hier ist es sehr wesentlich zu erkennen, daß der Göttliche Wille mit dem durch uns selbst ausgedrückten Willen im vollkommenen Einklang stehen muß, soll dieses Unterfangen von Erfolg gekrönt sein.

Der Göttliche Wille teilt sich uns stets ganz deutlich und unüberhörbar durch unsere innere Stimme des Herzens mit – und nur dann, wenn diese mit unserem Wunschdenken gänzlich übereinstimmt, ist die Voraussetzung für eine Materialisierung im Geistigen erfüllt. Diese Wünsche, die wir hier ansprechen, sind solche, die aus dem Inneren emporgewachsen sind und die sich daher auf die Seelenentfaltung beziehen, die damit besser in die Erfüllung gebracht werden kann.

Es sind jedoch nicht solche Anliegen damit gemeint, die aus einem rein menschlichen Denken herrühren und die sich nur aus Eigenliebe und dem Streben nach Genuß und Besitz zusammensetzen. An diesem Hinweis erkennen wir die Notwendigkeit, die Essenz unserer Wünsche ganz präzise herauszudestillieren, um sie im Gegenzug dazu in eine konkrete Verwirklichung bringen zu können, die uns dabei unterstützt, dieses irdische Dasein in einer besseren Qualität und mit einer reichen Ernte abschließen zu können.

Das „Rezept" für ein konkretes Materialisierungsritual im Sinne der Seelenentwicklung wird uns im Laufe dieses Buches noch gegeben werden.

Im Hoheitsbereich des Erzengels Michael befindet sich für uns noch eine weitere, ganz wesentliche Hilfe, mit der wir unser Leben stützen und veredeln können, und die bezieht sich auf Spontanheilungen, die im blauen Strahl des Lichtes möglich sind.

In der Farbsprache assoziieren wir Blaulicht mit „Rettung" und mit rascher, kompetenter Hilfe. Im geistigen Bereich ist die Armee des Erzengels Michael die schnelle Einsatztruppe, die sofort herbeieilt und immer zur Stelle ist, wenn es irgendeine Notsituation erfordert.

Wir können mit absoluter Gewißheit davon ausgehen, daß stets dann, wenn ein Einsatzfahrzeug mit Blaulicht einem Notruf folgt, oder einem Schwerverletzten Erste Hilfe leistet, auch die geistigen Helfer vom blauen Strahl anwesend sind und mit ihrer Gegenwart Trost, Linderung, Rettung oder Heilung verströmen.

Es liegt eine große Gnade im blauen Lichtstrahl – und die bezieht sich vor allem auf lebenserhaltende und lebensrettende Qualitäten, die sich in ihm verdichtet haben. Im Blau gedeiht das keimende Leben.

Es ist uns heute bereits bekannt, daß eine befruchtete Eizelle leuchtend blaues Licht ausstrahlt und daß eine werdende Mutter sehr viele Blauanteile in ihrer Aura hat. Blau kann auch als die „Urmutter der Schöpfung“ bezeichnet werden – und damit haben wir einen annähernden Eindruck von dieser Farbqualität und von ihrer unsagbar machtvollen Wirkung auf alles Leben im Kosmos.

Unsere Mutter Erde wird als der „blaue Planet“ bezeichnet – und auch hierin verdeutlicht sich die immense Wirkung der blauen Farbenergie auf Leben und auf Wachstum.

Im Hinblick auf die Heileigenschaften, die in dieser Farbfrequenz schwingen, können wir eine ungefähre Vorstellung davon bekommen, wenn wir uns vor Augen führen, was dabei geschieht, wenn blaues Licht auf eine Wunde oder auf eine schmerzhafte Entzündung gerichtet wird. Die Zellinformation, die dadurch aktiviert wird, bewirkt ein sofortiges Stoppen dieses destruktiven Prozesses – was man mit dem Stellen von Weichen und dem damit verbundenen Umleiten des Zuges auf andere Schienen vergleichen könnte, womit eine Richtungsveränderung vollzogen wird. Auf das körperliche Geschehen bezogen bedeutet das eine Reharmonisierung und damit eine Wiederherstellung des natürlichen Schwingungsverhaltens der Zellen.

An diesem Beispiel können wir in etwa erahnen, welche Gnade die blaue Strahlung in sich trägt und wie groß die Heilungsqualität dieser Energie in bezug auf die Lebensstruktur ist. Aber auch im geistig-seelischen Bereich kann es in unserem Dasein öfters einmal zu einem „Notfall“ kommen, der sich auf diese Weise ebenso behandeln und heilen läßt wie auf der physischen Ebene.

Die einzige Voraussetzung dafür ist die klare Vorstellung von strahlend blauem Licht und die bewußte Atemtätigkeit, die dieses blaue Heilmittel aus dem Geistigen heruntertransportiert und in das Chakra-System einfließen läßt.

Ein geistiges Durchspülen aller sieben Energiezentren mit blauem Licht bewirkt eine enorme Energieanhebung in der Aura und damit gleichzeitig auch eine Steigerung des Schwingungsniveaus unserer Zellen, Drüsen und Organe.

Es ist eine aufbauende, antriebskräftigende und lebensfördernde Energie, die sich hier Raum verschafft und die in sich den Keim des Lebens trägt, der aus der Göttlichen Urkraft des Lichtes auf die Erde herunterstrahlt und zum Wohl und Heil der Schöpfung tätig ist. Im feinstofflichen Bereich ist die blaue Lichtenergie auch in der Atmosphäre energetisch wirksam – und das bedeutet für uns, daß unsere Atemluft, der Treibstoff für unser Überleben hier auf Erden, erfüllt ist mit der blauen Qualität des Lichtes und damit auch gleichzeitig mit dem Grundton der Schöpfung, der in der blauen Lichtenergie zum Schwingen gebracht wird.

Im Bereich der blauen Farbschwingung ist noch ein weiterer, sehr wesentlicher Aspekt präsent. Er bezieht sich auf die Auslegung der vollkommenen Freiheit, die hier genauer definiert werden soll.

Die vollkommene, persönliche Freiheit ist ebenso ein Göttliches Vorrecht, das jeder Seele einmal übergeben wurde. Dazu zählt die Freiheit, seine Persönlichkeit nach seinen Talenten und Fähigkeiten ungehindert auszudrücken, aber auch jene Freiheit, selbst dazu in der Lage zu sein, dieses große Gut anzuerkennen und zu respektieren.

Das führt häufig zu Fehlinterpretationen, die demgemäß ausgelegt werden, daß wir in unserem Dasein nur insoweit frei sind, als es die materielle Struktur, in der wir uns befinden, zuläßt. Unfreiheit im Hinblick auf Materie ist hier jedoch nicht gemeint, sondern wir wollen die Freiheit ansprechen, die ein Mensch im Verwirklichen seiner Wünsche, Ziele, Pläne und Sehnsüchte hat und die er entweder in Anspruch nimmt, oder zugunsten irgendwelcher, finanzieller Hintergründe von sich weist und sie der irdischen Freiheit opfert.

In diesem Thema liegen viel menschliches Leid, Enttäuschungen und Fehlentwicklungen, und deshalb ist es ganz wichtig, daß wir uns diesbezüglich vor Augen führen, daß vollkommene, grenzenlose Freiheit – so wie sie uns von Gott gewährt wurde – einzig und allein nur in der Verwirklichung unserer inneren Freiheit zu finden ist. Diese repräsentiert sich ganz deutlich in Form von Wünschen und Vorlieben für einen Weg, der für einen persönlich der einzig wahre ist.

Das ist die Grundlage für ein unbeeinträchtigtes Wachstum und für Eigenständigkeit und Selbstverwirklichung, und das ist das sichere Fundament, auf dem geistige Freiheit zum Ausdruck gebracht werden kann und zur Entfaltung kommt.

Unfreiheit im irdischen Leben läßt sich immer auf eine geistige Beeinträchtigung zurückführen. Daraus wird ersichtlich, daß es wieder einmal unser freier Wille ist, der sich Ursachen und Wirkungen schafft und der damit den Takt angibt, unter dem unsere Lebensmelodie erklingt.

Um aus einer geistigen Unfreiheit wieder herauszufinden, ist uns der blaue Strahl eine ganz große, unschätzbare Hilfe, denn er vermag es, mit seinen Schwingungen in verhärtete Strukturen und Energiemuster unseres feinstofflichen Systems einzugreifen, die im Zeichen der Unfreiheit ihr ursprüngliches Bild verändert haben. Damit vollzieht sich ein Austausch von Energiefrequenzen, die in sich eine Unausgewogenheit tragen und die demgemäß aus der kosmischen Ordnung geraten sind.

Das ist ein selbständig wirkender Vorgang, der mit unserem Willen nur insofern unterstützt werden muß, als daß wir im Bewußtsein eine Korrektur in unserem Dasein vornehmen müssen, um diesen mit der Kraft unseres Geistes in Gang zu setzen.

Auch diesbezüglich werden wir weiter unten in diesem Buch noch genaue Anregungen erhalten.

☆

Das Hinüberwechseln von der irdischen auf die geistige Ebene hat ebenfalls sehr viel mit dem Grundrecht der persönlichen Freiheit zu tun. Deshalb wollen wir diese Situation jetzt genauer beleuchten.

Der Übergang einer Seele in eine andere Dimension ist stets mit dem festen Wunsch dieser Seele verbunden, die sich dieses als Zielsetzung einmal festgelegt hat, im vollen Wissen um die Bedeutung, die damit für sie verbunden ist. Das ist im ersten Moment gar nicht so leicht zu verstehen, aber es besitzt dennoch eine unumstößliche Gültigkeit, der wir uns unterordnen müssen.

Wenn die Zeit für eine Seele gekommen ist, wo sie ihr irdisches Gewand ablegen und in andere Gefilde überwechseln möchte, dann bildet sich ein ganz besonderes Hormon im menschlichen Körper, das die Zeit des Ablebens einläutet. Allmählich ziehen sich die Kräfte nach und nach zurück, und es wird in der Aura immer deutlicher, daß sich die Seele verabschieden möchte, um sich auf eine neue Geburt vorzubereiten.

Deshalb ist es für Sterbende ein enormer Trost und eine ganz große Unterstützung, wenn sie nicht das Gefühl haben müssen, von den Angehörigen mit Gewalt zurückgehalten zu werden, sondern wenn man ihnen mit Verständnis und Mitgefühl den Trost der blauen Farbenergie spendet, um ihnen damit ein friedlicheres und leichteres Hinübergehen zu ermöglichen.

In blaue Schwingungen eingehüllt fühlen sich diese Menschen weitaus wohler, ruhiger und geborgener, und der Übergang in eine andere Welt wird dadurch sehr viel harmonischer und sanfter.

Wie steht es nun bei einem plötzlichen Tod, fragt man sich ganz unwillkürlich, oder bei Kindern, die bereits tot geboren werden? Die Antwort darauf ist wieder im Gesetz von Ursache und Wirkung zu finden.

Hier vollzieht sich etwas, das dieser Seele als ein Teil ihrer selbstverantwortlichen Schuldentilgung auferlegt worden ist, um damit auszugleichen und zu bereinigen, was durch eigenes Verhalten notwendig geworden ist.

Erzengel Michael ist es, der sich in solchen Situationen ganz besonders liebevoll all denen zuwendet, die in sich Furcht und Verzweiflung fühlen und denen es nicht möglich ist, aus diesem selbstgeschaffenen Gefängnis herauszukommen.

Mit der geistigen Ausschüttung der blauen Lichtenergie bewirkt er eine energetische Auflösung von Blockaden im feinstofflichen Bereich und damit dann gleichzeitig auch eine Umstrukturierung des mentalen und emotionalen Energiemusters. Das macht sich in einer fühlbaren Entlastung deutlich, die in sich bereits den Keim zu neuer Hoffnung, Mut und Zuversicht trägt – Tugenden, die in der Göttlichen Liebe angesiedelt sind und die sich als frische Lebenskraft und als Auftrieb anbieten.

Damit ist wieder deutlich gemacht, daß wir hier auf Erden in einem großen Kraftreservoir eingebettet sind, das sich mit unerschöpflichen Energien zur Verfügung hält und das uns mit all den Hilfen unterstützt, die wir brauchen, um unser irdisches Leben uneingeschränkt verwirklichen zu können.

Erzengel Michael, der Herr des blauen Strahls, ist in seiner unsagbaren Liebe bei uns, wenn wir seine Hilfen erbitten und wenn es in unserem Herzen finster geworden ist, weil die Kraft des Glaubens verloren zu sein scheint.

Gerade in solchen Situationen ist seine Hilfe immer am deutlichsten und am nachhaltigsten zu spüren, denn er ist es, der den Glauben an die Allmacht der Göttlichen Schöpfung an seine Fahne geheftet hat und der sich seinem Gott gegenüber verpflichtet fühlt, dieses größte Gut hochzuhalten und zu pflegen.

In Erzengel Michael finden wir einen treuen und machtvollen Kämpfer für das Recht und die Ordnung, in der sich das kosmische Gesetz von Ursache und Wirkung widerspiegelt, aber ebenso einen Hüter des Glaubens und einen treuen Verbündeten, wenn es darum geht, den eigenen Willen mit dem Göttlichen in Einklang zu bringen.

Im Wissen um diese machtvolle Unterstützung ist es uns nun leichter geworden, unseren Weg zielstrebig und eigenverantwortlich zu beschreiten und das große Gut der persönlichen Freiheit zu schätzen und zu ehren, denn es ist die Voraussetzung für die planmäßige Erfüllung eines Erdenlebens, gemäß der Göttlichen Vorsehung, die dahintersteht und der wir uns verpflichtet haben.

☆

Der blaue Strahl des Lichtes verhilft uns dazu, Kraft, Vertrauen, Frieden und Geborgenheit in uns aufzubauen sowie den Glauben und das Gottvertrauen zu verstärken – Werte, die für ein erfülltes Leben im Zeichen des Lichtes unbedingt erforderlich sind. Das sind nämlich die wertbeständigen Schätze eines irdischen Daseins, um die wir uns bemühen sollten, um daraus ein kraftvolleres Energiepotential und gleichzeitig auch ein vermehrtes geistiges Wachstum gewinnen zu können.

Eine Seele begibt sich deshalb auf diese irdische Ebene, um ihre karmischen Bindungen aufzulösen und um dem kosmischen Gesetz von Ursache und Wirkung auf diese Weise Genüge zu tun. Es ist dabei jedoch auch ihr Bestreben, keine neuen Verknüpfungen zu schaffen, um damit nicht wieder Ursachen zu setzen, die eine Wiedergutmachung verlangen. Außerdem ist sie dazu angetreten, ihre Qualitäten zu steigern und sie mit Licht und Liebe zu bereichern.

Erzengel Michael und seine Legionen treten dafür ein und unterstützen uns dabei tatkräftig, damit wir in einer Fülle von Licht und Liebe den Segen der Schöpferkraft Gottes in uns erfahren können.

Er ist in seinem Wirken als der „verlängerte Arm Gottes“ zu betrachten, und er hat es sich zur Aufgabe gemacht, uns dabei zu helfen, die Schwingungen des Lichtes fühlen und in uns aufnehmen zu können, um so die Aufwärtsentwicklung in unserer Evolution zu beschleunigen.

Auf diese Weise erhöht sich ganz allmählich das Schwingungspotential der Atome, der Zellkerne sowie des elektromagnetischen Feldes um uns herum, wodurch wir in feinstofflichere Frequenzen eingehüllt werden und schneller zu unserem Ursprung zurückfinden können.

Der wahre Ursprung jedes Atoms und jeder Zelle unseres physischen Körpers sowie auch unserer feinstofflichen Hüllen ist das Göttliche Licht der absoluten Vollkommenheit und des wahren Heilseins an Körper, Geist und Seele.

Durch die Verschmutzung unseres emotionalen und mentalen Körpers mit negativen, destruktiven Gedanken und Gefühlen entsteht auf der feinstofflichen Ebene ein Energiestau, der sich nun unmittelbar auf den körperlichen Zustand überträgt, wodurch das Energiesystem des Organismus aus dem Gleichgewicht gerät und diffusen Veränderungen unterliegt.

Das ist der Weg einer körperlichen Disharmonie, die sich immer zuerst im feinstofflichen Bereich zusammenballt, bevor sie sich im Grobstofflichen manifestieren kann.

Dem können wir bewußt entgegenwirken, wenn wir unser Energiefeld immer wieder reinigen und mit dem blauen Strahl des Lichtes aufladen und schützen. Die blaue Lichtenergie ist eine starke Quelle der Kraft, die wir stets in unser Dasein einbeziehen können, um damit den „Göttlichen Funken“ in unserem Inneren zu aktivieren, im Wissen um die Gottgegenwart ICH BIN, die dort verankert ist.

Im Göttlichen Schöpferwort ICH BIN liegt für uns die uneingeschränkte Macht und Fähigkeit, mächtige Lichströme freizusetzen, um damit all das verändern zu können, was einer Erneuerung im Sinne des Lichtes bedarf. ICH BIN verkörpert die Macht in uns, über die Fülle des Lichtes gebieten zu können und sie überall dorthin zu lenken, wo Mangel daran herrscht.

Durch die bewußte Anwendung des ICH BIN – Prinzips werden Energien freigesetzt, die wir zur Vollendung unseres irdischen Daseins benötigen und die uns allein schon mit dem Gedanken ICH BIN das ICH BIN in Sekundenschnelle zur Verfügung stehen.

Erzengel Michael ist uns ein treuer Freund, wenn wir uns darum bemühen die Kraft des Glaubens zu stärken, um dadurch eine erhöhte spirituelle Wahrnehmungsfähigkeit und Inspirationen zu gewinnen, die uns dabei hilft, den geistigen Gesetzen und seinen Grundlagen näher zu kommen und sie besser zu verstehen.

Erzengel Jophiel

Im Hoheitsbereich des Erzengels Jophiel befindet sich die goldgelbe Schwingung des Lichtes, das in seiner ganzen Leuchtkraft und Fülle hier vorhanden ist und den Zweiten Strahl des Lichtes aus dem Herzen Gottes repräsentiert.

Hier finden wir die unermeßliche Fülle der Schöpfung, die sich darin äußert, daß sich im goldgelben Strahl die Reife und die erleuchtete Weisheit nach einem langen, mühsamen Weg des Wachstums widerspiegelt, und damit gleichzeitig auch der Aufruf zur Tat, der sich durch die goldgelbe Farbschwingung hindurch bereits lebhaft in Form neuer Ideen, Eindrükke und Wahrnehmungen abzuzeichnen beginnt, die sich aus lichten Höhen herab plötzlich und unvermittelt einstellen, um sich auf diese Weise Ausdruck zu verschaffen.

Im goldgelben Strahl des Lichtes ist die Energieschwingung in eine Dimension eingetreten, in der Bewegung und reges Treiben herrschen und die demgemäß dazu anregt, tätig zu sein, im Zeichen der eigenen Willenskraft, die sich dadurch Raum und Freiheit verschaffen möchte.

Im Gold der Sonne erblicken wir die absolute Fülle des Lichtes in seiner wärmespendenden, lebensaktivierenden Art sowie die beglückende Helligkeit, im Sinne des Im-Lichte-Stehen-Dürfens, um damit der Finsternis entronnen zu sein. Das ist ein wesentlicher Aspekt, der sich sowohl auf die Gefühlswelt, als auch auf das körperliche Befinden eines Menschen auswirkt und der am deutlichsten sichtbar wird bei der Vorstellung, wie beschwingt und glücklich wir uns fühlen, wenn die warmen Strahlen der Sonne unsere Haut berühren und alles um uns herum weithin in Licht getaucht und damit sichtbar ist. Daran erkennen wir ganz deutlich, daß wir Wesen des Lichtes sind und uns dem Licht entgegensehnen.

Im Gold der Erde erblicken wir hingegen eine Fülle von ganz anderer Qualität. Hier sehen wir das verdichtete Wesen der goldgelben Farbenergie, die sich in der Erde zu einem Edelmetall herangebildet hat, um im Irdischen die Fülle und den Überfluß zu repräsentieren, den wir Reichtum nennen – Reichtum im Hinblick auf Wohlstand und auf die Erfüllung von Bedürfnissen und Ansprüchen, die wir in uns tragen und die unseren Horizont erweitern.

Darin versinnbildlicht sich die Bedeutung der goldgelben Lichtenergie im Irdischen und hier verdeutlicht sich auch die geistige Kommunikation mit diesem Teil des Lichtes, das Reichtum auf allen Ebenen verkörpert. Im goldgelben Strahl ist eine komprimierte Energie von Fülle und Weite enthalten und ebenso eine sich ausweitende Tendenz, die sich stets in Bewegung befindet, um der Fülle zu entsprechen.

Fülle und Bewegung sind daher in einem Atemzug zu nennen, denn sie sind untrennbar miteinander verbunden und stehen in unmittelbarer Resonanz zueinander. In dieser Erkenntnis offenbart sich uns das größte Mysterium des goldgelben Strahls. Dieses liegt in der Beweglichkeit der Fülle, so wie es dem kosmischen Gesetz von der vollkommenen Ausgewogenheit zwischen Geben und Nehmen entspricht.

Es ist ein Gesetz des Lebens, das hier sein Recht fordert und das sich darauf bezieht, daß Geben und Nehmen im harmonischen Einklang mit Fülle und Beweglichkeit stehen müssen, wollen wir unser Leben mit Großzügigkeit und Offenheit in bestmöglicher Art und Weise erfüllen.

Das ist ein sehr wesentlicher Hinweis, den es genauer zu überdenken gilt. Das Grundprinzip des goldgelben Strahls verdeutlicht sich in der Strahlkraft des Urlichtes und seiner allesdurchdringenden, lebensspendenden Qualität.

Auf unser Dasein bezogen, erkennen wir im goldgelben Licht eine Energie, die uns die Fülle beschert und in gleicher Weise auch die Motivation zur Beweglichkeit, sowohl auf geistiger, als auch auf körperlicher Ebene.

Dahinter steht die Bedeutung des wohldosierten Ausgleichs zwischen diesen beiden Faktoren, worin sich das kosmische Gesetz verdeutlicht:

„Geben und nehmen, im ausgewogenen Wechselspiel, ergeben erst ein Großes, Ganzes."

Das ist die Hintergrundmelodie dieses Farbcharakters, der sich hier präsentiert, um unser Dasein mit der wärmenden Energie der Fülle zu veredeln und mit der Kraft des Geistes zu verknüpfen.

Der spirituelle Teil eines Wesens ist stets auf größtmögliche Entfaltung und Erweiterung seiner Kapazität ausgerichtet. Beeinträchtigungen erfährt es einzig und allein durch den freien Willen, der sich in Verbindung mit der Materie oftmals in eine Enge begibt, in der kein Weiterkommen in spiritueller Hinsicht möglich ist.

Dann setzen die Erfahrungen und Beschwerden ein, die es auf ihre Art ermöglichen, aus dieser ausweglos gewordenen Situation wieder herauszufinden, um gereift und geläutert nun neue Wesensmerkmale zu entwickeln und damit dem freien Willen neue Vorzeichen zu setzen.

Darüber wacht das goldgelbe Licht aus der Göttlichen Schöpfung, indem es die wärmenden, erleuchtenden Energien verströmt, die dazu erforderlich sind, einen Reifeprozeß unbeschadet und heil zu überstehen. Reife ist vielfach mit Schmerzen, Enttäuschungen, Entbehrungen sowie mit dem Verlust von Lebensfreude verbunden – und daraus wird ersichtlich, welcher Segen aus dem goldgelben Strahl zu uns auf die Erde herunterfließt, um die Kraft zum Durchhalten zu verstärken und die Reife zu gewährleisten.

Im gleichen Verhältnis dazu steht die Aufmunterung zur Bewegung und zum Einbringen von Energien, seien es geistige oder körperliche. Beide haben großen Einfluß auf dieses Geschehen und sind gleichbedeutend für das Erkennen, das uns dabei verstärkt gefördert wird. Es bezieht sich auf die Tatsache, daß wir in Zeit, Raum und Kosmos eingebettet sind und hier unserer Körper-, Geist- und Seelenstruktur gemäß leben, wachsen und reifen müssen.

Alle drei dieser Aspekte unterliegen einer ständigen Umwandlung von Energien und sind dadurch unermüdlich in Bewegung, um ihrer Bestimmung gemäß bewältigen zu können, was bewältigt werden muß.

In diesem Satz liegt in wenigen Worten die gesamte Offenbarung eines menschlichen Daseins, das sich bereit erklärt hat, in die Materie zu gehen, um dort die Läuterungsmaßnahmen zu durchleben, die im karmischen Plan verzeichnet sind.

In dieser Betrachtung findet sich jedoch auch gleichzeitig die große Hilfe, die jeder Seele zur Verfügung steht, die sich auf den irdischen Weg begibt, um ihrer Lichtheimat damit wieder ein Stück näher rücken zu können.

Erzengel Jophiel ist in seiner grenzenlosen Güte dazu bereit, uns mit der Fülle des goldgelben Lichtes zu stärken, damit wir auf diese Weise gefestigt, besser und aktiver wirksam sein können und damit unser Erdendasein zu voller Reife heranwachsen kann, auf daß wir daraus einmal unseren geistigen Profit ziehen können.

☆

Im Wesen dieses hohen Erzengels liegt auch die Weisheit und die aufopfernde Geduld, die sich stets dann bemerkbar macht, wenn wir uns dazu bereitgefunden haben, unserem Dasein neue Impulse zu geben und damit eine Richtungsveränderung vorzunehmen, die uns mitunter unüberwindbar erscheinen mag, weil sie weit über dem für uns Erreichbaren zu liegen scheint.

Strebenden, unaufhörlich suchenden und kämpfenden Seelen ist Erzengel Jophiel ein starker, unerschütterlicher Halt, der sich dann zur Verfügung stellt, wenn ein Anliegen diesbezüglicher Art an ihn herangetragen wird. Das bezieht sich sowohl auf geisteswissenschaftliche Fragen, als auch auf ganz konkrete, irdische Probleme, die nach einer geeigneten Lösung verlangen.

Hierzu zählen alle Gebiete, die mit dem Lernen und mit dem Lehren in Zusammenhang stehen und die deshalb Verständnis und Aufgeschlossenheit erfordern, um weiterführende Erkenntnisse zu gewinnen und diese in sich festigen zu können.

Erzengel Jophiel ist mit seinen geistigen Lichtträgern, die auf dem goldgelben Strahl ihren Dienst verrichten, auch an der Seite derer, die sich dazu aufgefordert fühlen, zum Wohl der Menschheit Entdeckungen, Erfindungen oder Erneuerungen zu erforschen und die als Pioniere auf ihrem Gebiet stark gefordert sind, da ihnen Entmutigung, Selbstzweifel und Erniedrigung oftmals nicht erspart bleiben.

Erzengel Jophiel stellt sich mit seiner leuchtenden Fackel auch stets hilfreich neben Verleumdete und Hintergangene, die in sich mit tiefster Verzweiflung und Hoffnungslosigkeit zu kämpfen haben. Er befindet sich ebenso immer an der Seite derer, die in ihrem Herzen die Existenz des Lichtes verleugnen und die ihre Lebensfreude dadurch völlig eingebüßt haben.

Lebensmüdigkeit rührt von den tiefempfundenen Gefühlen der Seele her, die sich in großer Not befindet, da sie kein Licht der Hoffnung, des Trostes und des Entkommen-Könnens aus dieser unerträglichen Situation erkennen kann.

Es sind die finstersten Stunden, in denen sich ein Mensch befindet, der das innere Licht in sich nicht mehr wahrzunehmen vermag und der deshalb kapituliert und diesem Zustand ein Ende setzt.

Die vom freien Willen gesteuerte und selbsteingeleitete Beendigung eines irdischen Daseins ist jedoch eines der schwerwiegendsten Irrtümer, die einer Seele unterlaufen können. Das bedeutet nämlich ein außerplanmäßiges Eingreifen in den Schöpfungsprozeß, der sich zum Wohle dieser Seele manifestiert hat und der damit seinem Zweck nicht gerecht werden konnte. Das klingt zwar recht banal, wenn man es hier so liest, ist jedoch in seiner tiefgründigen Bedeutung kaum zu beschreiben.

Hier offenbart sich die Macht der Schöpfung als die gebende, nährende und schützende Kraft, die sich dazu bereit erklärt hat, Leben zu gewähren und die damit einen unermeßlichen Segen ausströmt, um einer Seele auf diese Weise den Heimweg zum Licht wieder zu ermöglichen.

Im Wegwerfen von Leben verdeutlicht sich eine Mißachtung dieser gewaltigen Macht und damit gleichzeitig auch eine Geringschätzung ihrer kosmischen Gesetze. Mit einer solchen Tat stellt sich eine Seele in den Schatten und unterzieht sich so selbst einer gnadenlosen Phase der Wiedergutmachung, die sich in den geistigen Bereichen vollzieht, in denen das Licht fehlt.

Hier ist die Ebene zu finden, die man als die „Hölle“ bezeichnen könnte und die sich in der Art äußert, daß einer Seele dort der Trost des Lichtes und die aufbauenden Kräfte der Farben verwehrt sind; solange, bis sie in sich den neuerlichen Auftrieb gefunden hat, den Schritt ins Licht wieder zu wagen. Ist dieser Entschluß in ihr erst einmal zur vollkommenen Entfaltung herangewachsen, dann ist sie erneut eingebettet in die helfenden Kräfte des Lichtes und in die damit verbundene Hilfsbereitschaft aus dem Reich der Erzengel und aller anderen hohen Wesen, die sich dem Dienst am Licht im Namen und Auftrage Gottes geweiht haben.

Dann setzt für diese verirrte Seele ein neuerlicher Zustand der Gnade ein, in dem sie, von geistigen Hilfen unterstützt, ihre freie Entscheidung noch einmal überdenken und zum Ausdruck bringen kann.

Die Erfahrung der Finsternis, die noch tief in ihr eingegraben ist, bewirkt ein Umdenken und eine bessere Entscheidung zugunsten des Lichtes.

Erzengel Jophiel ist in solch krassen Fällen immer besonders darum bemüht, das Licht der Bewegung und der Fülle, den goldgelben Strahl, in ein Wesen einfließen zu lassen, das sich erneut darum bemüht, dem großen Plan der Evolution gerecht zu werden und das bereit ist, seine Freiheit im Sinne des Lichtes einzusetzen.

☆

In einem Menschenleben kommt es oftmals zu Situationen, die einem als große Ungerechtigkeit oder als unverdiente Strafe erscheinen mögen, da man sich nicht erklären kann, warum ausgerechnet so etwas auf einen zukommen mußte, wo man sich doch keiner Schuld bewußt ist.

Es ist jedoch immer eine grundlegende Ursache für ein solches Geschehen vorhanden, sei es, daß sie in diesem Leben einmal gesetzt wurde oder aber bereits in einem vergangenen, denn auch die alten noch nicht getilgten Schulden warten auf ihre Bereinigung. Deshalb ist es für uns sehr hilfreich zu wissen, daß jedes – wie wir vielleicht meinen mögen – „unverdiente Schicksal“ stets eine Grundlage hat, die wir selbst irgend wann einmal gelegt haben und die nun abgegolten werden muß.

Im Bewußtsein dieser unumstößlichen Tatsache wird es nun viel leichter, sogenannte Schicksalsschläge demütig anzunehmen, ohne sich dagegen aufzulehnen und mit noch mehr negativer Energie zu beladen, die in jedem Fall irgend einmal abgegolten und aufgelöst werden muß.

Im Hoheitsbereich des Erzengels Jophiel sind auch für solche Fälle stets Hilfen bereit, die sich als tröstende, erleichternde und aufmunternde Energien anbieten, um daraus soviel neue Kraft, Mut und Freude gewinnen zu können, wie man braucht, um sich aus den Tiefen der Depressionen, der Entmutigung und der Verzweiflung wieder erheben zu können, wenn diese unüberwindbar und bedrohlich geworden sind und die Lebenskraft lähmen.

Darauf bezieht sich aber auch der verzweifelte Kampf ums Überleben, dem man mitunter völlig wehrlos gegenübersteht und der einem den Boden unter den Füßen zu rauben scheint.

Damit ist die Sicherung der Existenz gemeint und der oftmals sehr harte Konkurrenzkampf, der damit einhergeht, aber auch die Beeinträchtigung durch Zwang und Abhängigkeit, was für viele ein sehr hartes Handicap darstellt.

Im Wissen um die Kraft des goldgelben Strahles ist uns jedoch auch in solchen Lebenslagen eine enorme Hilfe an die Hand gegeben, die darin besteht, sich bewußt mit dieser Farbstrahlung zu verbinden und sie visuell in Körper, Geist und Seele einfließen zu lassen, um damit die Freiheit zu erringen, die uns vor Augen schwebt.

Eine große Hilfe ist es auch, das Chakra-System zu reinigen, aufzuladen und auf diese Weise positiv zu verändern. Goldgelbes Licht wird dabei dann in jedes Chakra eingeatmet – Angst, Verwirrung und alles Belastende wird beim Ausatmen bewußt losgelassen. Das ist eine wunderbare und sehr hilfreiche Visualisierungstechnik, auf die hier noch genauer eingegangen wird.

Ein weiteres, ganz großes Plus, das wir in der goldgelben Farbschwingung zur Verfügung haben, ist die Unterstützung der freien Entfaltung des Geistes sowie die Hilfe bei der Loslösung von festgefahrenen Ansichten und überholten Traditionen, die einem nicht mehr entsprechen.

Dieses Thema stellt für viele Menschen eine große Blockade in ihrer Weiterentwicklung dar, denn hier bauen sich oftmals Hindernisse auf, die einem unüberwindbar erscheinen. Im bewußten Pflegen alter Traditionen liegt einerseits ein großer Schatz von überliefertem Wissensgut, andererseits ist hier jedoch auch ein gewisser Zwang vorhanden, dem man sich aus Pietät vor seinen Vorfahren zwar nicht gerne entziehen möchte, dem man aber auch nicht folgen kann, weil die inneren Gefühle damit nicht übereinstimmen.

Für jeden Menschen ist und bleibt es jedoch das höchste Gebot, seiner inneren Stimme des Herzens gemäß zu entscheiden, was für einen annehmbar ist oder was abgelehnt werden muß, weil es keine Bedeutung mehr hat, oder sogar eine Beeinträchtigung darstellt.

Wir sind deshalb aufgefordert, unser Dasein in eine Richtung zu lenken, die unseren Erkenntnissen, Anschauungen und Werten entspricht, um es in bestmöglicher Weise vervollkommnen zu können. Dazu gehört nun vor allem der Mut zur Entscheidung, die Kraft zum Durchhalten, aber in ganz besonderem Maße auch die Freude und die Begeisterung: zwei unumgängliche Voraussetzungen, um das Lebensprogramm spannend, inhaltsreich und amüsant zu gestalten.

Freude, Begeisterung und Humor sind ganz wesentliche Merkmale eines erfolgreich gelebten Lebens, das sich auf diese Weise viel besser entfalten und ausweiten kann und das damit in eine Richtung weist, die den inneren Wünschen, Sehnsüchten und Träumen voll entspricht.

Vielfach ist man der Meinung, daß ein Dasein, mit Verzicht und Selbstaufopferung durchkämpft, ein weitaus wertvolleres Kapital darstellt, als eines, das sich aus dem eigenen Verlangen heraus entwickelt und verwirklicht.

Doch auch hier handelt es sich um eines der vielen, verhängnisvollen Irrtümer, die eine Seele in Abhängigkeit führen und ihr damit die freie Entfaltung verwehren. Wir haben von Gott die vollkommene Freiheit als eines unserer größten Güter erhalten und deshalb ist es das Recht, ja sogar die Pflicht eines jeden Menschen, selbstbewußt und unbeeinflußt sein Leben in eine Richtung zu lenken, die ihm voll entspricht und die mit Freude und Enthusiasmus beschritten werden kann, weil sich hier die inneren Sehnsüchte wiederfinden, die bereits selbständig vorausgeeilt sind.

Das können wir immer wieder bei Menschen beobachten, die mit Elan, Fleiß und Hingabe an ihrer selbstgewählten Arbeit sind und wo sich Erfolg, Glück und Zufriedenheit scheinbar ganz von selbst hinzugesellt haben. Im Vergleich dazu finden wir bei solchen, die sich zwangsläufig und unwillig einer auferlegten Pflicht beugen, eine hohe Krankheitsanfälligkeit, Unzufriedenheit, Lustlosigkeit und daraus resultierend Unglück und Mißerfolg.

Das Kapital, das wir im Anwenden der goldgelben Farbschwingung in unseren Händen halten, ist deshalb unschätzbar hoch. Hier manifestiert sich nämlich die Freiheit unseres

Geistes in enger Verbundenheit mit unserer irdisch-materiellen Freiheit sowie die Möglichkeit des Abwerfens von altem, überholtem Ballast, der sich als Übergepäck auf unserer Lebensreise herausgestellt hat und deshalb zurückgelassen werden muß.

In diesem Zusammenhang ist es noch sehr wesentlich zu erwähnen, daß es in jedem Dasein immer wieder Phasen gibt, die einen fordern und mit Dingen konfrontieren, denen man sich lieber entziehen möchte. Hier verdeutlicht sich jedoch der natürliche Rhythmus eines irdischen Lebens, das sich immer wieder mit karmischen Prozessen auseinandersetzen muß, um sein Programm plangemäß zu beenden und um die Evolution in der Materie damit einmal vollkommen abschließen zu können.

Immer wieder stellt man sich die Frage nach dem Sinn des Lebens und nach der wahren Bedeutung, die dahintersteht. Die Antwort darauf ist ganz klar und eindeutig: Leben ist eine Verwirklichung der Göttlichen Tugenden, die in der Liebe, Güte und Barmherzigkeit zu finden sind, und damit ein stetiges Emporsteigen zu den wahren Werten einer Existenz, die dem Licht zugewandt ist. Daraus geht ganz deutlich hervor, daß es für uns sehr wesentlich ist, in unserem Tun und in der Art unserer Selbstverwirklichung im Sinne unserer inneren Freiheit, die uns gewährt wurde und der wir uns verbunden fühlen, eine Lebensform zu kreieren, die sowohl die Aspekte der freien Willensentfaltung, als auch die der Göttlichen Tugenden – Liebe, Güte und Barmherzigkeit – in sich vereint, denn auch das ist eine Voraussetzung für unser geistig-seelisches Vorwärtskommen.

Worauf wir damit hingewiesen werden, das ist die sorgfältige Überprüfung all unserer selbstbezogenen Entscheidungen im Hinblick auf die Göttlichen Tugenden und auf ihre Bedeutung in bezug auf unsere Mitmenschen.

Das ist ein sehr heikler Punkt, den wir damit berühren, denn auch hier finden wir viele Mißverständnisse, verbunden mit großem, menschlichen Leid. Liebe und Selbstverwirklichung – das sind die beiden „heißen Eisen“, um die es hier geht und die wir nun genauer betrachten wollen.

Gerade in einer Partnerschaft oder im familiären Bereich kommt es oftmals zu heftigen Diskussionen um die Frage, wo der schmale Pfad angesiedelt ist, der diese beiden Komponenten miteinander verbindet. Meist geht es aber dann so aus, daß die Liebe auf Kosten der Selbstverwirklichung das letzte Wort hat. Dazu ist jedoch ganz eindeutig folgendes zu sagen: Liebe und Selbstverwirklichung dürfen in einem Leben niemals Kontrahenten sein, sondern sie sollten sich in einer festgefügten Zusammengehörigkeit befinden und stets miteinander auftreten, gewaltlos kämpfen – um letztlich zu siegen.

Diese beiden Tugenden zusammengenommen haben nämlich die nötige Substanz, Hürden überwinden zu können und Hindernisse zu beseitigen, wie es sonst keiner anderen Kraft auf so einflußreiche Weise möglich ist. Das Grundprinzip, das dahinter steht, ist die Göttlich gewährte Freiheit und das Göttliche Geschenk der Liebe, das jeder Seele mit auf den Weg gegeben wurde, um es zu leben und auszustrahlen und um damit immer und überall auf sanfte Art der Sieger sein zu können.

„Das höchste Gebot aber ist die Liebe", heißt es im Alten Testament – und weil das so ist, erfahren wir durch die Liebe im Gegenzug dazu auch stets das, was uns selbst emporhebt aus den Schatten der Unfreiheit und der Begrenzungen.

Selbstverwirklichung wird oftmals mit Egoismus gleichgesetzt, doch auch hier muß im Denken eine Korrektur vorgenommen werden.

Im Egoismus finden wir nämlich einen Wesensausdruck, der sich einzig und allein auf das eigene Wohl und auf die erwünschten Vorteile bezieht, die man erreichen möchte. Er läßt die Liebe außer acht und hat deshalb auch nichts mit der hier angesprochenen Seelenentfaltung zu tun, die hinter dem Wunsch nach freier Willensäußerung steht.

Hier treffen die verschiedenen Meinungen meist äußerst heftig aufeinander, und in der Regel trägt dann auch derjenige den Sieg davon, der sich besser artikulieren kann und der sich mehr Respekt zu verschaffen versteht. Aus Angst, Abhängigkeit, oder aus Unterwürfigkeit beugt sich dann schließlich der Schwächere und verbannt so gleichzeitig auch seine Träume, Wünsche und Sehnsüchte in das Reich der Phantasie und damit in unerreichbar gewordene Dimensionen.

Wir haben es hier mit einer sehr weitverbreiteten und vielfach praktizierten Form von Unterdrückung zu tun, die es schon vielen Seelen verwehrt hat, dem Sinn ihres irdischen Lebens nach eigenem Ermessen gerecht werden zu können

– und das bedeutet im Endeffekt: „Ungenügend“, die Lektion muß wiederholt werden.

Wieviel Leid, Tränen und Enttäuschungen in einer solchen „Zensur“ liegen, kann man sich unschwer vorstellen, und man vermag auch den Schmerz einer Seele nachzuempfinden, die sich nun erneut darum bemühen muß, ihr Lernprogramm zufriedenstellend abzuarbeiten.

Erzengel Jophiel ist der hohe Helfer aus dem Erzengelbereich, der sich solcher Seelen besonders liebevoll annimmt und der stets dazu bereit ist, die starken, hilfreichen Impulse zu vermitteln, die sich im goldgelben Strahl der absoluten Freiheit besonders stark verdichtet haben. Diese stehen uns überall und zu jeder Zeit zur Verfügung, wenn wir uns in Gefahr befinden, aus Schwäche und menschlicher Unzulänglichkeit heraus eine Entscheidung auf Kosten unseres freien Willens und unserer geistig-seelischen Weiterentwicklung zu treffen.

Erzengel Jophiel ist auf unsere Bitte hin sofort zur Stelle, um uns die Kräfte zufließen zu lassen, die uns zu geistiger Beweglichkeit verhelfen, um so aus einer „Sackgasse“ wieder herausfinden zu können und dem Fluß des Lebens in seiner Beweglichkeit und außerordentlichen Fülle erneut zu folgen. Und dies im festen Wissen, daß nur in dieser Art der Lebensauffassung das Ziel erreicht werden kann, das wir uns einmal gesetzt haben – ein jeder von uns auf seine ganz persönliche Weise und mit dem innigen Wunsch verbunden, damit eine weitere Wegstrecke zurücklegen zu können, die sich zu den hohen Gefilden des Lichtes emporschwingt und die es möglich macht, mit dem Licht allmählich wieder eins zu werden.

☆

Im Erfüllen einer Lebensaufgabe gibt es jedoch oftmals auch schöpferische Pausen, in denen man sich aus seinem Wunsch zur Selbstverwirklichung herauslöst, um die Liebe in den Vordergrund zu stellen und ihr gemäß zu leben und zu wirken.

Dazu zählen vor allem die Jahre, in denen sich eine Mutter selbstlos ihren heranwachsenden Kindern zur Verfügung stellt, um ihnen damit eine glückliche, unbeschwerte Jugendzeit zu ermöglichen. Es gehören auch die Situationen in einem Leben dazu, in denen man sich der Pflege alter oder kranker Angehöriger widmet, die auf diese Hilfe angewiesen sind.

Ganz große Bedeutung findet dieses liebevolle, selbstlose Einbringen auch in einer Partnerschaft, in der ein Teil in der Erfüllung seiner Selbstverwirklichung stark gefordert ist und vom anderen dafür Hilfe und Unterstützung bekommt, um besser vorankommen zu können.

Aus Liebe seine eigenen Wünsche hintanzustellen, um für den geliebten Menschen da sein zu können, ist stets mit Opfern und mit einem Zurückstecken verbunden, was damit natürlich auf Kosten der eigenen Selbstverwirklichung geht.

Es gibt in einem Leben mitunter jedoch auch Abschnitte, in denen man müde geworden ist und bei einem Menschen Halt sucht, um ausrasten zu können und seine Wegstrecke neu zu überdenken.

Auch das ist ein plausibler Grund dafür, sich eine Zeitlang aus seiner Lebensverwirklichung auszuklinken und zu pausieren. Es sind jedoch immer relativ kurze Zeitspannen, die man für seine Regeneration benötigt, und sie sind nicht entscheidend für die Gestaltung des Gesamtbildes eines irdischen Lebens.

Dieser Hinweis ist sehr wichtig, denn er wird viele Menschen dabei unterstützen, eine momentane Phase der Umstellung oder der tätigen Nächstenliebe besser bewerten und damit leichter durchleben zu können.

Der Hinweis auf die Notwendigkeit der Selbstentfaltung aus eigenem, freiem Willen heraus, bezieht sich demnach auf den gesamten Zeitraum eines Lebens, das sich zu einem Großen, Ganzen entfalten muß, um damit eine erfolgreiche Bewertung erfahren zu können.

Im großen Plan der Schöpfung ist es aufgezeichnet, daß ein Mensch auf dem Weg zum Licht stets der Hilfen gewiß sein kann, die er dafür benötigt, um erfolgreich weiterkommen zu können. Auch das ist ein sehr tröstlicher Hinweis, den wir hier erhalten. Hilfen aus höheren Gefilden sind stets solche, die sich unmittelbar auf ein Geschehen beziehen, das sich im Dienst an den Mitmenschen und damit in der Erfüllung einer Lebensverwirklichung befindet – beides ist untrennbar miteinander verbunden.

Es ist hier ein Schöpfungsakt gemeint, der in sich die Kraft der Verwirklichung bereits im Keim beinhaltet hat und der sich durch die Macht der Liebe manifestieren kann, um so greifbar und sichtbar gemacht zu werden.

Die Umwandlungsphase, die einem solchen Ereignis zugrunde liegt, läßt sich als „Schöpfungsakt“ bezeichnen, der sich aus dem eigenen Willen, in Verbindung mit dem Göttlichen Willen, aus dem tiefempfundenen Wunsch zur Selbstentfaltung sowie aus der Macht der Liebe herauskristallisiert hat und zum Leben erwacht ist.

Eine Materialisierungszeremonie, so wie sie diesen hier angeführten Richtlinien entspricht, wird in einem weiteren Kapitel noch ausführlich beschrieben werden.

Dieser Hinweis möge ein tröstender Auftrieb für all diejenigen sein, die sich im Zuge ihrer Lebenserfüllung in irdischen Begrenzungen festgefahren haben, wodurch ihnen ein zügiges Weiterkommen erschwert worden ist.

Erzengel Jophiel ist stets dazu bereit, uns seine helfende, liebevolle Hand zu reichen, um uns an Klippen vorbeizuführen, die sich vor uns aufgebaut haben, unseren Lebensweg erschweren und die damit eine Behinderung in unserer Selbstentfaltung darstellen.

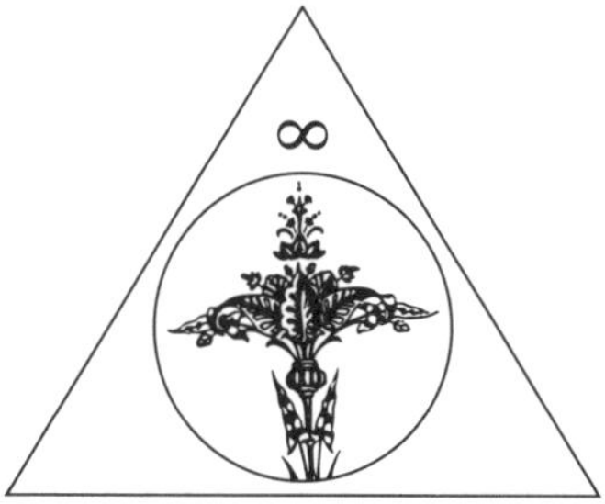

Erzengel Chamuel

Im Hoheitsbereich des Erzengels Chamuel ist die Liebe das uneingeschränkt höchste Gut, das hier seine volle Stärke und Leuchtkraft verströmt, erfüllt mit dem rosafarbenen Licht, das auch als der Dritte Strahl aus dem Herzen Gottes bezeichnet wird.

In den rosa Farbschwingungen liegt die Harmonie und Ausgewogenheit eines Wesens, das sich geborgen und geliebt fühlt und das in sich die gleichen Gefühle trägt und erwidern möchte.

So betrachtet, erleben wir hier eine Farbschwingung, die sich aus den tiefsten Gefühlen eines Herzens heraus entwikkelt hat, das die Liebe ausstrahlt und sie im gleichen Ausmaß empfängt. Damit vollzieht sich in der rosa Farbenergie ein Austausch von Gefühlsregungen, die in ihrem Wesen etwas mit Geliebt-Sein und Sich-Geborgen-Fühlen zu tun haben und in gleicher Weise auch mit dem Geben von Liebe und Fürsorge, was ebenso hierin enthalten ist.

Die Qualität der rosa Flamme ist uns deshalb ein besonderes Anliegen in unserem Dasein hier auf Erden, weil sich darin die Geborgenheit wiederfindet, die uns oftmals ein so schmerzlich vermißtes Anliegen ist und nach der wir uns immer sehnen, wenn unser Dasein mit ganz besonderer Vehemenz unseren aktiven Einsatz fordert.

Die rosa Farbenergie hat sehr viel mit dem für uns notwendigen Urvertrauen zu tun, das wir stets nur dann in ausreichendem Maß zur Verfügung haben, wenn wir stark geerdet und damit standfest und widerstandsfähig sind. Hierin ist deshalb auch die unmittelbare Verbindung zur Mutter Erde enthalten sowie die Festigung, die ein irdisches Leben mit ihr haben muß, wenn es ohne Beeinträchtigung seiner Qualität gelebt werden will.

In der rosafarbenen Schwingung finden wir das Licht, das vom Himmel zur Erde herunterströmt und das sich hier in der Materie verankert, um von hier aus seine Wirksamkeit ausstrahlen zu können. Das bedeutet, daß wir im Rosa eine Farbschwingung zur Verfügung haben, die uns dabei unterstützt, unsere Gefühle mit unserem Wirken in Einklang zu bringen, um so in einer ausgewogenen, harmonischen Form und frei von Ängsten und Befürchtungen leben zu können.

Im Bereich des Erzengels Chamuel liegt für uns die Fülle von sanft einhüllenden, umsorgenden und liebeserfüllten Energien, die wir in unserem Gefühlsleben benötigen, um unbeeinträchtigt in der irdischen Wirklichkeit unsere Lebenserfüllung zu bewältigen, ohne dabei den Mangel erleiden zu müssen, der im Fehlen dieser Liebesenergie schmerzhaft zu fühlen ist. Dazu zählen vor allem tiefliegende, unergründliche Ängste und Furcht vor allem, was nicht genau definiert werden kann sowie Gefühle von Einsamkeit und Verlassenheit.

Es sind aber auch die oftmals unterdrückten Sehnsüchte nach Liebe und Geborgenheit, die sich als großer Mangel bemerkbar machen können und die dem Leben die Wärme vorenthalten, die es braucht, um in einem guten Klima optimal gedeihen zu können.

Menschen, die in sich ein Defizit an Zuwendungen und an Vertrautheit mit ihren Mitmenschen beklagen, sind meist auch selbst nicht dazu fähig, diese Gefühle anderen entgegenzubringen.

Auch daran erkennen wir die große Wichtigkeit dieser Farbenergie, denn sie ist es, die in sich die Liebe, das größte Gut einer Seele, beherbergt und auf all jene ausströmt, die in sich die Sehnsucht nach dieser Lichtqualität verspüren und sie gerne in sich aufnehmen möchten.

Erzengel Chamuel ist der große Liebende, der seine Arme weit für all jene öffnet, die in sich das Verlangen nach diesem großen Gefühl verspüren und die einen Weg suchen, es in sich zu verstärken und zu veredeln.

In diesem Zusammenhang sollte auch ganz besonders darauf hingewiesen werden, daß in der Liebe eine Göttliche Eigenschaft vibriert, die an Größe und Stärke mit nichts zu überbieten ist. Hier verkörpert sich nämlich die Urkraft des Schöpfers, der sich dazu bereitgefunden hat, mit SEINER Liebe die Schöpfung zu manifestieren und der dieses große Gut auch unseren Seelen eingehaucht hat, damit wir selbst zum Schöpfer werden können. Im Akt der Liebe liegt für uns Menschen die Macht, neues Leben zu manifestieren, womit wir uns zum Mitschöpfer Gottes emporschwingen dürfen.

So groß und einmalig wird die Kraft der Liebe im Kosmos bewertet, daß ihr diese Macht der Schöpfungskraft übertragen wurde. Hier verkörpert sich die wahre Bedeutung der Liebe in ihrer mannigfaltigen Form und in ihrer lebensschaffenden Qualität, so wie das in der Strahlkraft des rosafarbenen Lichtes symbolisiert ist.

Ohne Liebe ist ein Leben leer und mangelhaft, denn es fehlen die Kräfte, die dazu nötig sind, den Weg durch die irdische Verkörperung mit Gefühlen zu veredeln, die in sich die Energien zum Weitergehen und Vorwärtskommen bereits voll enthalten haben.

In der Liebe finden sich nämlich in reicher Fülle die menschlichen Qualitäten wieder, die dazu fähig sind, Mitmenschlichkeit, Hilfsbereitschaft, Mitgefühl und Fürsorge auszuströmen und in eine Energieform zu transformieren, die als eine wärmende, einhüllende Wolke von wunderschöner rosa Farbe auf den Liebenden selbst zurückfällt und ihm damit gleichermaßen zum Segen gereicht.

Die Liebe trägt das Geheimnis des Lebens in sich – und das können wir so verstehen, daß hier der Wesenskern der Göttlichen Schöpferkraft in einer Form zum Ausdruck gebracht wird, die magnetische Eigenschaften aufweist und die deshalb magisch all das anzieht, was von ihr selbst ausgestrahlt wird.

In diesem vollkommenen Wechselspiel der Gefühle liegt die wahre, bedingungslose Liebe eingebettet – die Liebe, die nichts fordert, sondern aus vollem Herzen heraus gibt, um dafür im Gegenzug all das zurückzubekommen, was für das eigene Seelenleben zum Wohl und zur Bereicherung dient.

Auch hier findet sich wieder das kosmische Prinzip von Geben und Nehmen in vollkommener Ausgewogenheit und wir können daran erkennen, daß alles im Universum einem ehernen Gesetz unterliegt, das die vollkommene Ordnung enthält und das demgemäß einem genau vorgegebenen Göttlichen Plan entspricht.

☆

Im Dasein eines Menschen kommt es mitunter zu Situationen, in denen er sich in Frage stellt und im Zweifel ist, ob er sich als Liebender genau in der ausgewogenen Mitte befindet oder zur einen oder anderen Seite tendiert. Meist fragt man sich dabei auch, ob man das, was man zu geben bereit ist, im selben Ausmaß wieder zurückbekommt. Diese Frage ist an und für sich schon Grund genug, um auf die Merkmale zu achten, die damit Hand in Hand gehen.

Dazu gehört in erster Linie die Einsicht, daß die bedingungslose Liebe stets mit den Wesenszügen der Opferbereitschaft und Selbstlosigkeit verknüpft ist, die freiwillig und gerne entgegengebracht werden und die man einem geliebten Menschen, aus vollem Herzen heraus und mit dem Wunsch, ihn damit zu erfreuen und zu unterstützen, gerne angedeihen läßt.

Hier liegt eine Kernaussage, die im alltäglichen Leben oftmals zu einigen Diskrepanzen Anlaß gibt und Gefühlswallungen hervorruft, die in eine disharmonische Richtung führen. Es ist deshalb wichtig zu erkennen, daß es in einem liebevollen Miteinander stets darauf ankommt, aus welchen Beweggründen Hilfen oder Zuwendungen gegeben werden und ob dies freiwillig und mitfühlend oder aus anderen, selbstbezogenen Aspekten heraus geschieht.

Es ist also immer die innere Einstellung, die ausschlaggebend dafür ist, ob es sich um eine bedingungslose Hinwendung an den geliebten Menschen handelt oder ob etwas aus egoistischen Motiven heraus getan wird.

Darin liegt nämlich ein ganz gravierender Unterschied, der sich auf die Qualität der hier angesprochenen Gefühle maßgeblich auswirkt. Ein Mensch, der etwas gibt, um im Gegenzug dafür etwas zu bekommen, ist in seinen Gefühlen beeinträchtigt und damit aus seinem inneren Gleichgewicht geraten. Es ist ihm deshalb auch nicht möglich, in sich diese Hochstimmung zu erleben, die sich bei bedingungslos dargebrachten Liebesschwingungen einstellt.

Das wahre Geheimnis der Liebe und ihrer erhebenden Macht liegt einzig und allein nur in den selbstlos dargebrachten Gefühlen, die aus einem starken inneren Bedürfnis heraus gegeben werden und die deshalb eine Eigendynamik besitzen, die auf keine andere Art zu erreichen ist.

Darauf beruht die Glückseligkeit, die von wahrhaft Liebenden ausgeht und die in sich Wärme, Fürsorge und Geborgenheit trägt – und das sind starke Energien, nach denen sich eine Seele innig sehnt, wenn sie sich auf ihrem irdischen Pfad befindet, weil darin für sie die Kraft und Stärke liegt, die ein Leben adelt und krönt und die ausschließlich von der Liebe getragen und realisiert werden kann.

Ein weiterer Stein auf dem Weg zum erstrebten Glück ist oftmals auch die Begierde, die hinter einem Liebeswerben steht, die sich jedoch im Körperlichen verstrickt und deshalb unvollständig ist, weil Körper, Geist und Seele eine untrennbar miteinander verbundene Einheit darstellen und nur in ihrer Ganzheit zur vollkommenen Erfüllung gelangen können.

Aus der Mißachtung dieses grundlegenden Prinzips entsteht viel Leid und Erniedrigung, was in einem Menschenherzen schwere Verstrickungen auszulösen imstande ist, weil sich hier Schwingungen ausdrücken, die einen destruktiven Charakter haben.

Im Zusammenleben zweier Liebender ist es auch von ganz großer Bedeutung, daß jeder seine Individualität hochhält und seine Wünsche und Bedürfnisse frei zum Ausdruck bringt, um damit deutlich zu machen, was seiner Seelenschwingung entspricht und um damit auch die Verbundenheit mit der anderen Seele zu festigen, zu stärken und inniger zu gestalten.

Das ist ein ganz wesentlicher Aspekt, der nicht auf die leichte Schulter genommen werden sollte, weil hier die Grundlage für das Verhalten gelegt wird, das aus bedingungsloser Liebe heraus angeboten und dargebracht wird.

In einem solchen Fall ist es viel leichter und wirkungsvoller möglich, sein ganzes Potential an Liebe ausleben und einbringen zu können, weil man als Liebender damit konfrontiert wurde, was im geliebten Partner vor sich geht, welche geheimen Wünsche und Sehnsüchte in ihm ruhen und nach einer Beantwortung verlangen. Andernfalls ist es sehr viel schwieriger, Einblick in diese Bereiche zu bekommen, weil man nur die Möglichkeit des Erahnens zur Verfügung hat und nicht die Gewißheit, so wie sie aus einer vertrauensvollen Offenheit heraus zu gewinnen ist.

Zwischenmenschliche Beziehungen sind in vielerlei Hinsicht oftmals starken Belastungen ausgesetzt und dementsprechend auch heftigen emotionalen Schwankungen, die sich daraus entwickeln können. Deshalb ist es sehr wichtig, daß wir erkennen, welche Möglichkeiten uns mit der rosa Farbschwingung in unsere Hände gelegt wurde und wie unermeßlich groß die Hilfen sind, die daraus in Form von besänftigenden, wärmenden und einhüllenden Lichtstrahlen resultieren, die das Wesen der Liebe verkörpern und die diese Liebeskraft damit an uns weitergeben, auf daß wir uns daran aufrichten und davon profitieren können.

☆

Im Herzen eines Menschen, der mit Liebe und Zuneigung zu seinem Nächsten erfüllt ist, leuchtet ein inneres Licht, das sich als kosmische Kraftquelle anbietet und das Wärme, Zufriedenheit, Fürsorge und grenzenlose Geborgenheit ausstrahlt und vermittelt.

In diesen Tugenden der rosafarbenen Flamme liegt für uns Menschen ein großes Potential. Dieses verkörpert sich in einer Macht, die uns damit zuteil wird und uns dazu befähigt, Mittler zwischen Diesseits und Jenseits zu sein, zwischen Realität und Gefühl, zwischen Wissen und Erahnen.

Damit ist eine Brücke gebaut, die den Übergang in spirituelle Gefilde ermöglicht, die uns sonst nicht zugänglich wären. Hier befindet sich geistige Hilfe, die uns dazu befähigt, als ein Teil der Schöpfung in ihrer vollkommenen Schöpferkraft und damit auch als Mitschöpfer Gottes in SEINER großen Macht, unermeßlichen Liebe, Güte und Weisheit tätig sein zu dürfen.

Im Klartext ist damit ausgedrückt, daß wir in uns eine schöpferische Kraft tragen, die aktiviert und gestärkt werden kann, wenn wir uns darauf besinnen, als ein Teil der Schöpferkraft Gottes im Kosmos wirksam zu sein und unseren Beitrag dafür zu leisten, daß die Schöpfung in ihrer ursprünglich gedachten Form erhalten und mit Licht verstärkt wird. In diesem Hinweis liegt für uns der Aufruf zur Mithilfe, um aus dem Planeten Erde einen Ort der Liebe und des Friedens entstehen zu lassen, so wie Gott ihn in seiner Vollkommenheit gedacht und geschaffen hat.

Es liegt nun an uns, diesem Ruf nachzukommen und unsere Energien einzusetzen, um der Liebe zur Entfaltung zu verhelfen, der allumfassenden, grenzenlosen Liebe, die es vermag, aus unserer Erde einen wahren Garten Eden entstehen zu lassen.

Das ist das Endziel, das für den Planeten Erde angestrebt wird und auch erreichbar ist und dem wir uns verpflichtet fühlen sollten, um unsere eigene Evolution damit immer höher und höher hinaufzuführen auf die Ebenen des Lichtes, in denen die Materie überwunden ist und ihre Macht verloren hat.

Das ist einzig und allein damit zu erreichen, daß wir uns mit den Schwingungen des rosafarbenen Lichtes verbinden und in diesen geistig baden, um so die durchdringende Qualität dieses kosmischen Heilmittels in uns immer mehr zu verstärken und zum Ausdruck zu bringen.

Ein Mensch, der in rosa Licht getaucht seinen Alltag verlebt, strahlt diese Farbschwingungen auch in seine Umwelt aus und kann daraus in derselben Intensität seinen Nutzen ziehen und reichen Segen ernten, denn er ist damit gleichsam in ein magnetisches Kraftfeld getreten, in dem sich der Energiefluß kontinuierlich hin- und herbewegt, im Gleichklang mit den rosafarbenen Liebesschwingungen, die diesem Geschehen ihre Kraft vermitteln.

Es ist dann so, als wäre man in einem selbständig ablaufenden Wechselstrom eingebettet, der sich nach beiden Enden hin ausdehnt und der damit auch eine doppelte Energiequalität mit sich bringt, die Himmel und Erde in sich trägt und diese beiden Größen miteinander vereint.

An diesem Beispiel verdeutlicht sich in etwa die Macht, die in den Händen des Erzengels Chamuel liegt und die darauf beruht, zwei grundlegende Gegensätze miteinander zu verbinden, um daraus die Kraft und Macht der Schöpfung und ihrer unermeßlichen Reichtümer ableiten zu können. Diese Reichtümer liegen zum einen hier auf der Erde und zum anderen in himmlischen Gefilden, die auf diese Weise zugänglich gemacht werden, um darin eine vollkommene Bereicherung, sowohl auf geistig-seelischem, als auch auf körperlichem Gebiet finden zu können.

Eine geistig-seelische Bereicherung erkennen wir in erster Linie an den Gefühlen der Zufriedenheit, des herzlichen Miteinanders und der fürsorglichen Zuwendung, die wir damit selbst ausstrahlen und gleichermaßen entgegengebracht bekommen. Auf körperlicher Ebene kann sich diese hilfreiche

Energie in einem unmittelbaren Heilungsprozeß verdeutlichen, der sich plötzlich einstellt und einen damit in Erstaunen versetzt.

Bösartige Zellwucherungen sind beispielsweise stets ein deutlicher Hinweis auf einen großen Mangel an diesen rosa Lichtschwingungen und demgemäß ist eine Spontanheilung auch nur dann zu erzielen, wenn man in sich die dunklen Schatten, die zu dieser Entgleisung geführt haben, genau erkennt, sie dann gezielt auflöst und mit den Schwingungen des rosafarbenen Lichtes ersetzt.

Mit diesem Hinweis haben wir eine greifbare und nachvollziehbare Möglichkeit in den Händen, um mit konzentrierten geistigen Bildern einen Zustand bereinigen zu können, indem wir ihn auflösen und die entlassenen negativen Energien mit rosafarbenen Liebesschwingungen ersetzen.

Spontanheilungen sind auf keine andere Weise zu erzielen, als auf die eben hier aufgezeigte, denn nur die Kraft des rosafarbenen Lichtes ist in ihrer Intensität dazu in der Lage, schöpferische Energien freizusetzen, die eine vollkommene Transformationsfähigkeit besitzen.

Das wahre Wesen des rosafarbenen Lichtes ist in erster Linie die Liebe, in zweiter Linie jedoch die Schöpferkraft und ihre Macht zur Manifestation. Ein Wesen, das sich nach diesen Dimensionen ausrichtet, ist deshalb stets mit überirdischen Hilfen umstellt und mit der lichtvollen, rosa-leuchtenden Sphäre des Erzengels Chamuel auf das innigste verbunden.

Es erhält im Austausch dafür alles, was es braucht, um in einer friedlichen, verständnisvollen Umgebung leben und wirken zu können, und es erfreut sich vollkommener Gesundheit und Ausgewogenheit, weil die rosa Farbschwingungen die Garantie dafür sind, daß alles in ausgeglichener, harmonischer Art fließt und damit dem Fluß des Lebens, gemäß seiner kosmischen Gesetzmäßigkeit, in vollkommener Weise entspricht.

In Liebe eingebettet zu sein bedeutet aber auch, durch die Liebe gesegnet und mit allem versorgt zu sein, was ein irdisches Dasein benötigt, um frei, unbeeinträchtigt und selbstbewußt seine volle Kapazität entfalten zu können. Damit ist gemeint, daß wir in der rosa Farbschwingung auch die Fülle der Materie erblicken können, die dazu imstande ist, Not, Sorgen und Einschränkungen zu bannen sowie Ängste jedweder Art abzubauen und loszuwerden.

Das bedeutet, daß in der bewußten Anwendung der rosa Lichtenergie für uns eine materielle Vielfalt von Hilfen zur Verfügung steht, die sich vor allem auf die Nöte bezieht, die im Alltag anliegen und zu einer starken Bedrängnis werden können, wenn man ihnen nicht gezielt entgegentritt und ihnen die Macht entzieht, die sie auszustrahlen in der Lage sind. Ein bewußtes Einhüllen in rosa Licht, verbunden mit dem Gedanken der Liebe und des Mitgefühls, ist eine ganz unmittelbar wirksame Waffe gegen alles, was uns auf unserem Lebensweg begegnet und mit destruktiven Schwingungen behaftet ist.

Auf diese Weise liegt es in unserer Macht, eine Situation bewußt zu entschärfen und ihr damit den Stachel zu nehmen, der uns sonst Verletzungen oder Leid zugefügt hätte. Auch hier erblicken wir wieder unsere eigene Schöpferkraft und ihre Macht zur Transformation von Geschehnissen, die uns als Bedrohung entgegentreten und denen wir mit der bewußten Anwendung der rosa Flamme alle Schrecken entziehen können.

Daraus ist ersichtlich, daß wir es ganz unmittelbar in unseren Händen haben, die Qualität unseres Lebens so zu gestalten, daß wir uns glücklich, zufrieden und geborgen fühlen können, ohne dabei den Boden der Realität unter unseren Füßen zu verlieren und unsere Bestimmung hier auf Erden außer acht zu lassen.

Jegliche Situation, sei sie auch noch so bedrohlich, kann auf diese Weise entschärft und bereinigt werden, wenn wir uns dessen bewußt sind, daß es die Schöpferkraft Gottes in uns vermag, in Verbindung mit der rosa Liebesschwingung eine totale Umkehr zu bewirken und damit eine vollkommene Lösung zum Besten unseres Höheren Selbst zu schaffen.

In diesem Zusammenhang wollen wir aber noch einmal auf das Thema Karma zurückkommen, um damit deutlich zu machen, daß alles stets im Einklang mit diesem ehernen Gesetz stehen muß, soll eine vollkommene Transformation stattfinden. Denn hier ist es wieder die gesetzliche Bestimmung, die im Kosmos ihre unumstößliche Gültigkeit hat und der Genüge geleistet werden muß, um in freier, selbstverantwortlicher Tätigkeit Schöpfer seines Lebensbildes sein zu können.

Damit soll deutlich gemacht werden, daß es für einen Menschen immer nur dann möglich ist, in vollkommener Freiheit seine Lebensstrategie aufzustellen, wenn er sich dem Gesetz des Karma gebeugt und dieses abgegolten hat.

Hier kommt es oft zu Verwechslungen zwischen Ursache und Wirkung, und deshalb ist es wichtig zu erkennen, daß unser selbstgelegtes Wechselspiel zwischen diesen beiden Polen stets so zu Ende geführt werden muß, wie es die Spielregeln erfordern – und diese sehen ganz klar und deutlich vor, daß es auf jede selbstverantwortete Ursache eine dementsprechende Antwort gibt, die stets den Keim der selbstausgelösten Energien in sich trägt und die demgemäß in einem vollkommenen Ausgleich dazu gesetzt wurde.

Darin erblicken wir die absolute Göttliche Gerechtigkeit, die nichts dem Zufall überläßt, sondern sich gezielt in dieser Form der karmischen Auflösung in ein Geschehen einfügt, das nach einer bereinigenden Energie verlangt und das von jedem auf seine Art und nach seinen Möglichkeiten abgetragen und beglichen werden muß.

Dabei gibt es keine Bevorzugung oder Unterschlagung, sondern nur unendliche, vollkommene Gerechtigkeit, die einem großen universellen Gesetz folgt und die in der Göttlichen Liebe ihren Ursprung hat.

In den Bereich des Erzengels Chamuel fallen auch solche Geschehnisse, die einen Menschen in große Bedrängnis bringen können, weil sie ihn mit Verleumdung, Rufschädigung und mit der Untergrabung seiner Würde und seines Selbstwertgefühls aus der Fassung bringen und beeinträchtigen.

Aber auch hierzu muß ganz deutlich gesagt werden, daß diese Konfrontationen mit negativen Schwingungen keinesfalls von ungefähr kommen, sondern daß sie eine Rückwirkung vergangener Fehler darstellen, die nun am eigenen Erleben ausgeglichen und bereinigt werden müssen.

In solchen Lebenslagen ist man dann oftmals sehr verzweifelt und wehrlos und denkt unwillkürlich sofort an eine unverdiente Ungerechtigkeit, die einen zum Spielball des Schicksals degradiert hat. Doch zum Trost soll hier nochmals auf die hilfreichen Schwingungen des rosafarbenen Lichtes hingewiesen werden, das uns in seiner offenkundigen Liebeskraft immer dann zur Verfügung steht, wenn die Auflösung eines karmischen Prozesses es erforderlich macht und wenn wir dabei das Gefühl haben, diesem überfordert und machtlos gegenüberstehen zu müssen.

Erzengel Chamuel strahlt die Wesensart der Mildtätigkeit und der Barmherzigkeit aus und schenkt uns diese Gaben in überreichlichem Ausmaß, wenn wir ihn darum bitten; auch wenn wir uns mit einem Anliegen an ihn wenden, das aus menschlicher Sicht heraus bereits zu einem unüberschaubaren Chaos herangewachsen zu sein scheint.

In solchen Fällen ist er der Helfer in der Not und der heilbringende Bote aus einer höheren Welt, in der Liebe und Vergebung gleich hoch angesiedelt sind und wo keine Schuldzuweisung oder Benachteiligung zu finden ist, weil dort alles unter dem Zeichen der Liebe und ihrer allumfassenden Lebenskraft steht.

Ein weiteres, sehr wesentliches Kapitel im Hoheitsgebiet des rosafarbenen Lichtes ist die Mitmenschlichkeit, die hier ebenfalls ganz hoch oben zu finden ist und die in sich auch die Liebeskraft beherbergt, die dahinter wirksam ist. In der Mitmenschlichkeit sehen wir ein weiteres Indiz für die Göttliche Schöpferkraft, die sich hier auf diese Weise verdeutlicht, daß eine Seele in der anderen den Göttlichen Funken erblickt und anerkennt und aus diesem Aspekt heraus alles ihr Mögliche einsetzt, um das Licht im Nächsten wieder heller zum Leuchten zu bringen, indem sie ihm aus einer Not heraushilft, die ihn andernfalls vielleicht sogar in die Dunkelheit verbannt hätte.

Darin verdeutlicht sich, wie notwendig Hilfe ist, die einen Mitmenschen, der sich in Bedrängnis befindet, dabei unterstützt, seine verzweifelte Lage überwinden zu können, um sich auf diese Weise wieder dem Licht entgegenzuwenden.

Die Not wenden – steht hinter dem Wort „notwendig" – und es ist im wahrsten Sinn ein Umwenden und damit gleichzeitig auch eine damit einhergehende Richtungsveränderung. Es kann vorkommen, daß man mitunter in eine Notlage gerät, in der man sich festgefahren glaubt und mit eigenen Kräften keine Umkehrmöglichkeit erkennen kann.

In solchen Momenten beginnen viele, an der Göttlichen Gegenwart zu zweifeln und verfallen dabei immer tiefer in die mit Angst und Schrecken erfüllten Schatten, die die Hoffnung immer mehr eindämmen, bis schließlich jeder Lebensmut verloren scheint und nur mehr Hilfe von außen Rettung zu bringen imstande ist.

Das sind Faktoren, die vielen Menschen sehr zu schaffen machen,vor ihnen Grenzen errichten und sie so in ihrem aktiven Einsatz außer Gefecht setzen. Doch auch in solchen Situationen ist niemals völlige Resignation und Weltuntergangsstimmung angesagt, sondern vielmehr das bewußte

Hinwenden an die Macht des Lichtes und an seine heilbringenden Farben.

In diesen Augenblicken, in denen man sich kraftlos und lebensmüde fühlt und nicht mehr weiter weiß, ist tatsächlich nichts anderes gefordert, als den Blick zum Licht zu erheben und die Hände nach oben auszustrecken, um von dort den ersehnten „Lichtblick" zu erhalten.

Keine Macht der Welt kann so viel ausrichten und zum Guten verändern, wie die des Lichtes und seiner Farben. Deshalb ist es für uns von ganz großer Bedeutung, daß wir uns in diese Richtung begeben, wenn uns die Lebensumstände niederdrücken, wenn die eigenen Kräfte geschwunden und der Lebensmut erloschen zu sein scheint. Dann ist uns der Blick nach oben immer eine ausreichende Hilfe und eine unmittelbare Rettung aus Not und Unterdrückung, die uns so schwer zu schaffen machen.

Erzengel Chamuel, der Herrscher über den rosafarbenen Strahl des Lichtes, ist mit seinem liebevollen Herzen der Tröster im Leid und der Befreier aus dem selbstgeschaffenen Gefängnis, in das man durch eigenes Unvermögen geraten ist und dem man nun gerne entkommen möchte, es jedoch aus eigener Kraft heraus nicht schafft und deshalb um Hilfe fleht.

Ein kraftvolles Hinwenden an den Großen Erzengel der Liebe ist immer mit Erfolg gekrönt und von fühlbarer Hilfe begleitet, dessen dürfen wir gewiß sein. Daraus mögen wir auch unsere Kraft schöpfen, die unser Dasein in eine Lebensweise transformieren kann, die dem Gesetz der Liebe entspricht und diesem gemäß auch in den großen Strom der unendlichen, Göttlichen Liebe eingebettet ist, die sich über alles ergießt, was ihr nahekommt. Sie ist deshalb als eine unerschöpfliche Quelle anzusehen, die sich unseren Nöten und Sorgen uneingeschränkt zur Verfügung stellt, damit wir daraus all das gewinnen können, was unser Dasein bereichert, veredelt und schließlich mit Licht vergoldet und auszeichnet.

Dann ist es einer Seele endlich geglückt, ihrer wahren Bestimmung wieder zu entsprechen und in eine neue Daseinsform einzugehen, nach der sie mit großer Sehnsucht und mit allen ihr zur Verfügung stehenden Kräften strebte, um sich dann endlich emporschwingen und vergeistigen zu können, so wie es im Buch des ewigen Lebens aufgezeichnet ist.

Hier sehen wir die große Vollkommenheit, die in uns liegt und der wir uns nun wieder zuwenden, um sie in eigener Verantwortung und mit der kraftvollen Hilfe hoher Lichtwesen einmal zu erreichen.

Erzengel Chamuel steht an der Spitze dieses Hilfskontingents und strahlt mit seiner Liebeskraft die Impulse aus, die es einer Seele ermöglichen, ihrer Heimat wieder entgegenzugehen, um dort eine neue Daseinsform in Licht und Fülle und mit dem Göttlichen Segen der Vollkommenheit erfüllt in Angriff nehmen zu können.

Erzengel Gabriel

Der Erzengelfürst des weißen Lichtes ist Gabriel, der Beherrscher der Strahlkraft, die alles Leben in sich vereint, weil sie aus den Schwingungen zusammengefügt ist, die sich im farbigen Strahlenkranz darbieten und die im weißen Licht ausdrucksvoll enthalten sind.

Hier erkennen wir eine Energiequalität, die sich als die Summe aller Farben im Licht bezeichnen läßt und die dementsprechend machtvoll und allesdurchdringend in ihrer Wirkungsform ist. Hier präsentiert sich die vollkommene Klarheit, Reinheit und Lauterkeit in ihrer uneingeschränkten Ursprünglichkeit.

Damit symbolisiert sich im weißen Licht auch die Kraft und Macht der Ursonne, die im gesamten Kosmos ihre unermeßliche Lichtenergie in alles Leben ergießt, um ihm damit seine Daseinsgrundlage zu gewähren.

Im Vergleich dazu ist das weiße Licht aus dem Göttlichen Herzen die Urkraft, die es uns ermöglicht, klarer sehen und erkennen zu können, was in unserem Leben zu bereinigen, zu klären und zu verändern ist, um dieses in vollendeter Weise abgelten zu können. In dem Wort „abgelten“ verbirgt sich die Formel für „Vergeltung“, „Vergütung“ und demnach auch für „Bereinigung“

Das ist das Hauptthema, das im weißen Lichtstrahl ganz vordergründig zum Ausdruck kommt und sich als Hilfe für unser Bemühen anbietet, unter das wir unser Dasein gestellt haben und das uns dazu befähigen soll, weiter nach oben zu gelangen und an Reife und Lichtvolumen immer mehr zuzunehmen.

Im weißen Licht liegt eine unermeßliche Leuchtkraft, die es vermag, unsere gesamten Zellstrukturen zu klären, unseren Körper zu reinigen und von Molekularsubstanzen zu entlasten, die sich als dunkle Schichten darin festgesetzt haben. Das geschieht bei jedem negativ schwingenden Gedanken und bei jedem ausgesprochenen Wort, das ebenso mit dunkler Energie behaftet ist.

Gedankenstrukturen und Wortformationen sind die Urheber für die Verunreinigung der Zellzwischenräume in unserem physischen Körper, aber auch für die Verdunklung unseres Lichtkörpers, der sich in vielen Schichten um diesen herum aufgebaut und verdichtet hat. Hier ist die Struktur aller Gedanken, Worte und Taten fein säuberlich aufmoduliert und für den jenseitigen Bereich gut sichtbar dargelegt. Hier befindet sich auch die ausschlaggebende „Datenbank“, die sich jederzeit gezielt abrufen läßt, um einem Dasein damit ein größeres Fassungsvermögen zu verleihen.

Darunter ist zu verstehen, daß wir daraus ganz gezielt „Material“ zur Verfügung gestellt bekommen, das uns dabei behilflich ist, im spirituellen, aber ebenso im physischen Bereich ein wirkungsvolleres und aussagekräftigeres Wissen abrufen zu können, um damit unser irdisches Dasein mit mehr Qualität und Substanz zu bereichern. Das ist ein sehr maßgeblicher Satz, den wir hier hören und der uns zum Nachdenken anregen sollte.

Hiermit wurde uns nämlich aufgezeigt, daß es in unserem eigenen Vermögen liegt, lebensqualitätsfördernde Impulse abzurufen, die sich als aufwärtsführende Hilfen anbieten und die uns zur freien Verfügung stehen, um daraus unseren Vorteil ziehen zu können. Dazu zählt in erster Linie die bewußte Reinhaltung der Gedanken und Worte, die stets genau überprüft werden sollten, bevor sie in die Umgebung ausgesandt werden und dort ihre Schwingungsformen manifestieren.

Man nennt ein solches freigesetztes Gedankenmuster „Elemental“. Darunter ist zu verstehen, daß sich hier ein zum Leben erwecktes Energiegebilde mit der ihm gemäßen Eigendynamik verselbständigt hat und im feinstofflichen Bereich sein Dasein antritt.

Ein Elemental ist also ein vom freien Geist geschaffenes Energiemodell, das durch die Macht des Geistes Energien aufnimmt und speichert, um so zu einem Geistwesen heranzuwachsen, das sich in seiner Kapazität mit den Kräften ausgestattet sieht, die dem ursprünglichen Gedanken innegewohnt haben.

Dadurch ist eine mehr oder minder kraftvolle, lebensfähige Energiemanifestation geschaffen worden, die sich ihren Lebensraum sucht und findet und die sich stets mit gleichschwingenden verwandten Energien verbündet, um diese in ihrem Potential noch mehr zu verstärken.

Damit ist klar ersichtlich, daß kein einziger Gedanke und kein daraus gebildetes Wort im kosmischen Gefüge unbeantwortet bleibt und daß es auch nicht möglich ist, selbst unbeeinträchtigt davon zu sein – sei es in positiver oder negativer Weise.

Es passiert allerdings oftmals, daß man von einem Gedanken unvermittelt „angesprungen" wird, ohne ihn bewußt herbeigeführt oder gar gewollt zu haben, doch auch solche Momente bedürfen großer Aufmerksamkeit und Achtsamkeit, um keine unliebsamen Auswirkungen nach sich zu ziehen.

Hier kommt es hauptsächlich darauf an, sich bewußt davon zu distanzieren und Licht in die Nebelschwaden der Gedanken zu bringen, um sie so schnell wie nur möglich aufzulösen, damit die Klarheit wieder die Oberhand gewinnen kann und auf daß unser emotionaler und mentaler Bereich in seiner Sicht geklärt und mit Licht erfüllt neu überdenken kann, wohin er tendieren möchte.

Erzengel Gabriel ist der lichtvolle Hüter unserer Gedanken, Worte und Taten und er ist es, der uns unmittelbar zu Hilfe eilt, wenn wir uns in unseren Gefühlen verletzt, beeinträchtigt oder erregt sehen und dabei die Vorsicht außer acht lassen, die in solchen Momenten höchst angebracht wäre. Diese sind nämlich stets ein Prüfstein von ganz besonderer Güte und ein präziser Gradmesser unseres Wesens, das sich im Zeichen des Lichtes seinen Weg durch die Dunkelheit bahnt.

Deshalb kann es hier gar nicht eindringlich genug betont werden, wie wichtig es ist, diesen mächtigen Gedankenfluß genau im Auge zu behalten und ihn nicht aus der Kontrolle geraten zu lassen, weil er damit im wahrsten Sinn des Wortes eine Überschwemmung herbeiführen könnte, die katastrophale Folgen nach sich ziehen würde.

Klarheit, Reinheit, Lauterkeit – diese drei Tugenden sind es, die dem weißen Strahl des Lichtes zugrunde liegen und die sich in diesem machtvollen Energiefeld befinden, um sie mit Hilfe des Lichtes in unser Wesen zu leiten und dort zu verankern.

Im weißen Licht liegt für uns die grenzenlose Macht der Gedankenbeherrschung und die reiche Fülle der daraus resultierenden Worte, die sich als konkreter Ausdruck davon ableiten. Beide zusammen bilden ein immens großes Kapital, das sich vor uns auftut und aus dem wir die Summe unseres irdischen Daseins bilden können, die sich in der Gewinnzone befindet, weil unser helfender Geist uns dazu befähigt hat, die richtige Entscheidung zu treffen und unser Soll auf diese Weise in ein Haben zu verwandeln.

☆

Im Leben spielt es manchmal eine große Rolle, seine eigene, selbstverantwortliche Entwicklung in die zweite Reihe zu stellen, um erst einmal Klarheit darüber zu gewinnen, was eigentlich der wahre Sinn dieses Daseins ist und welche Stationen noch erreicht werden müssen, um es möglichst perfekt zu gestalten.

Das bezieht sich zum Beispiel auf Ausbildungsphasen, die oft gar nicht in dem Maße genutzt werden können, wie es einem wünschenswert wäre oder auf Positionen, die sich mit grundlegenden Dingen befassen und nicht dem Spezialgebiet entsprechen, das man gerne bearbeiten würde.

In diesem Zusammenhang muß jedoch gesagt werden, daß wir immer wieder auf Lebensabschnitte stoßen, die sich ganz anders abspielen, als man es sich vorgestellt hat und die gleichsam als ein Zwischenglied zwischen einzelnen Wegstrecken zu bewerten sind und demzufolge auch nicht ins Gewicht fallen.

Anders ist es jedoch, wenn man sein Leben immer nur nach zweckdienlichen Richtlinien auslegt und sich nicht wirklich darüber im klaren ist, was man eigentlich tatsächlich zu erfüllen gewillt ist und welche Schwerpunkte dafür gesetzt werden müssen, um diesem Wollen möglichst nahe kommen zu können.

Immer wieder kann man es erleben, daß ein Mensch in seiner Lebenserfüllung beeinträchtigt und eingeschränkt ist und daß seine wahren Talente und Fähigkeiten auf einem ganz anderen Gebiet zu finden wären. Aus bloßer Zweckmäßigkeit heraus wird es aber vielfach akzeptiert, sein Leben vor ein Joch spannen zu lassen, das für einen zu schwer und damit ungeeignet ist, Freude und Zufriedenheit aufkommen zu lassen, was eine unbedingte Voraussetzung für ein erfülltes Dasein ist.

Im Hoheitsgebiet des weißen Lichtes herrscht absolute Klarheit darüber, was ein Menschenleben zu bewältigen sich vorgenommen hat und welche Umwege möglicherweise gerade beschritten werden, die nicht auf geradem Weg zum angestrebten Ziel führen.

Deshalb fällt es auch in das Aufgabengebiet des Erzengels Gabriel, suchenden Menschen, die sich gleichsam von dichten Nebeln umhüllt fühlen und deshalb keine klare Sicht auf ihre zukünftige Wegstrecke haben, eine konkrete, sichtbare Hilfe zu geben, um ihnen so aus dieser Sackgasse herauszuhelfen, in der sie sich – seelisch gesehen – gerade befinden.

Die beste Möglichkeit, dieses zu bewerkstelligen, ist die, sich mit dem weißen, großen Licht geistig zu verbinden und sich dabei unter die reinigenden, klärenden weißen Lichtkaskaden zu stellen, um von ihnen durchdrungen und vollkommen erleuchtet zu werden.

Das ist ein ganz einfaches Ritual, das nur sehr wenig Zeit in Anspruch nimmt, das jedoch von unschätzbarer Wirksamkeit ist, will man sich von Unklarheiten und Begrenzungen befreien, die aus einem Nicht-erkennen-Können und damit aus einem getrübten Sichtvermögen herrühren.

In diesem Zusammenhang ist es auch sehr wirksam, unser physisches Auge stets mit dem weißen Licht geistig zu klären und zu erleuchten, damit es in seiner Sehstärke voll erhalten bleibt und so die körperliche Sehkraft mit der spirituellen eine vollkommen intakte Einheit bilden kann.

Erzengel Gabriel ist es auch, der sich in liebevoller Weise unserer erbarmt, wenn wir uns in einer Situation festgefahren haben, die mit einem Nicht-Wissen im Hinblick auf unsere weiteren Entwicklungsschritte steht und die deshalb sehr belastend sein kann, weil sich das Drängen der Seele und die Unklarheit seitens des Geistes als Kontrahenten gegenüberstehen und Druck aufeinander ausüben.

Das erlebt man immer wieder in Lebenslagen, die eine Entscheidung fordern, weil man sich unglücklich und beeinträchtigt fühlt, andererseits jedoch auch mit dem Zwang konfrontiert ist, der aus einer materiellen Notwendigkeit heraus sein Recht fordert.

Das führt stets zu großen Diskrepanzen zwischen Wollen und Müssen, zwischen Lebensfreude und Frustration. In solchen Phasen ist es immer sehr entscheidend, sich dessen bewußt zu werden, daß eine seelische Befreiung gefordert ist, die dann gleichzeitig auch die geistigen Kräfte beeinflußt, die sich im nüchternen Denken, Analysieren und Abwägen den Wünschen der Seele entfremdet haben und in Opposition zu ihnen getreten sind.

Daran erkennen wir ganz deutlich, daß es stets von besonderer Wichtigkeit ist, daß sich Körper, Geist und Seele in einem wohl aufeinander abgestimmten Gleichklang befinden müssen, soll ein Leben optimal und erfolgreich seiner Bestimmung entsprechen.

Auch das ist wieder ein Kernsatz, der besondere Beachtung verlangt, der meistens jedoch unberücksichtigt bleibt, weshalb es zu so vielen Enttäuschungen, Mißachtungen des Lebens und zu Fehlschlägen kommt, die man allenthalben beobachten kann. Vielfach handelt es sich hier jedoch auch um ein ganz eklatantes Mißverständnis, dem man sich aus Unkenntnis heraus beugt und das in etwa so lautet: „Wessen Brot ich esse, dessen Lied ich singe“ oder aber: „Im Schweiße deines Angesichts sollst du dein Brot verdienen“.

Hier handelt es sich jedoch um Überlieferungen, die sich gegen die persönliche Freiheit eines Menschen richten, der als Göttliches Wesen die Macht in seinen Händen hält, sein Leben in einer Weise auszurichten, die ihm ganz persönlich entspricht und die im vollkommenen Einklang mit seinem Selbstbildnis steht, das als leuchtendes Licht in seiner Seele manifestiert ist.

Alles andere deutet auf geistige Unfreiheit hin und auf den blinden Gehorsam einer Instanz gegenüber, die man als über einem stehend und höherrangig anerkennt und der man sich deshalb beugt.

Vor Gott sind alle Menschen gleich!

Diese unumstößliche Wahrheit steht aber im krassen Widerspruch dazu, und deshalb sind wir gefordert, unser althergebrachtes, traditionell verwobenes Denken zu revidieren und einer Veränderung zu unterziehen. Ein jeder von uns wurde nach dem Ebenbild Gottes geschaffen und ist deshalb ein freies, Göttlich erfülltes Wesen, das sich seiner Persönlichkeit gemäß entwickeln und vervollkommen muß, um seiner wahren Bestimmung gerecht zu werden.

Daran scheiden sich jedoch die Geister – und deshalb gibt es Menschen, die in freier, ungebundener und selbstbewußter Form ihr Leben beherrschen und nach ihren Wünschen verwirklichen, und es gibt andere, die stellen sich lieber auf die Seite der Befehlsempfänger und tun das, was ihnen aufgetragen wird. Das ist ein krasses Beispiel für die selbstgefaßte Meinung, die jeder von sich hat und die sich dementsprechend so verdeutlicht, wie es das eigene Selbstwertgefühl zuläßt.

So sind wir wieder bei einem Punkt angelangt, der für unsere Entwicklung hier auf Erden äußerst wichtig ist und der mit dem Selbstwertgefühl ganz unmittelbar in Verbindung steht. Dieses verdeutlicht nämlich die Achtung und Wertschätzung, die man seiner eigenen Persönlichkeit entgegenbringt und die ausschlaggebend dafür ist, ob man sich als Herr oder Sklave fühlt.

Auch hier wieder ein Vergleich, der bewußt recht drastisch gewählt wurde, worin wir jedoch ganz klar vor Augen geführt bekommen, was letztendlich damit gemeint ist – und das bezieht sich auf ein großes Gebiet menschlicher Leiderfahrungen, die in vielfacher Form daraus resultieren.

Jeder Mensch hat das Recht auf seine persönliche Freiheit, auf seine selbstbewußte Lebensführung und auf sein eigenverantwortliches Vorwärtskommen auf seinem Weg zum Licht.

Das ist ein unantastbares Grundrecht, dem nichts entgegenzusetzen ist – außer die aus freiem Entschluß herbeigeführte Kapitulation davor. Ein Mensch, der sich auf diese Weise selbst beeinträchtigt, ist mit jemandem zu vergleichen, der freiwillig dem Licht den Rücken kehrt und sich lieber dem Nebel zuwendet, der ihn auf der anderen Seite erwartet.

Deshalb ist es ein ganz großes Anliegen des Erzengels Gabriel, uns aus diesem verkehrt verstandenen Pflichtgefühl herauszuhelfen, das immer dahintersteckt, wenn ein Mensch zugunsten eines anderen seine Freiheit verpfändet, damit gewollt in den Schatten tritt und auf diese Weise den klaren Überblick über sein Leben einbüßt, das seiner Selbstverantwortung nun nicht mehr entsprechen kann.

☆

Im Bewußtsein um die Notwendigkeit einer selbständigen, verantwortungsvollen und zufriedenstellenden Lebensführung gilt es auch festzuhalten, daß wir es in uns tragen, was wir in dieses Leben einbringen und darin verankern müssen, um es eindrucksvoll und pflichtbewußt aufgearbeitet abschließen zu können.

In diesem Zusammenhang ist es erwähnenswert, daß es auch ganz eindeutig bei uns selbst liegt, wie wir etwas in Angriff nehmen und welche Grundschwingungen wir dafür einsetzen, um dieses in einer energieanhebenden Art zu verstärken.

Wir haben es also selbst in der Hand, hilfreiche Frequenzen in ein Wirken einzubringen, das von uns gefordert ist und dem wir uns verantwortungsbewußt stellen sollen. Diese Grundeinstellung verhilft uns dazu, eine Schwingungsfrequenz in ein Geschehen einfließen zu lassen, die dazu in der Lage ist, die richtige Basis zu schaffen, auf der das gute Gelingen schon vorprogrammiert ist.

Im Gegensatz dazu wird etwas stets mit viel mehr Schwierigkeiten und Versagen verbunden sein, das mit Unmut, Lustlosigkeit und Pessimismus in Angriff genommen wird. Auch das ist ein Ansatzpunkt, der im Bereich des weißen Lichtes seine vollkommene Unterstützung findet, wenn wir uns bewußt darum bemühen, Licht, Klarheit, Ehrlichkeit und Verstehen in uns zu verstärken, um so gewappnet neue Wirkungsbereiche zu erschließen, die dazu imstande sind, uns zu unserem wahren Lebensziel zu führen.

In diesem Hinweis ist es ganz eindeutig dargelegt, daß es uns stets möglich ist, reichliche Hilfe zu erhalten, um unser Kräftepotential damit anzuheben und um uns darüber hinaus auch im Bereich unserer Gefühle und Gedanken so zu konditionieren, daß es für uns keine Umwege oder Durststrecken auf unserem Lebensweg mehr geben muß.

Es ist ein ganz gewaltiger Energiereichtum, der sich vor uns auftut und dem wir uns bewußt öffnen sollten, um uns damit besser zu versorgen und klarer gegen Unstimmigkeiten und Mißklänge abzuschirmen, gegenüber denen man auf diese Weise zusehends mehr Immunität gewinnt.

Die Immunität ist ebenfalls ein ganz wesentlicher Faktor. Sie kann im Zeichen des weißen Lichtes ihre umfassende Bedeutung noch mehr verstärken und vervielfachen, um auf diese Weise einen sicheren Schutzwall zu bilden, der uns wie eine Festung umgibt und alle Eindringlinge vehement abhält.

Dazu muß man wissen, daß es in der Atmosphäre eine unendliche Vielzahl von negativen Elementalen gibt, die sich dort tummeln und in ihrer regen Art ein großes Betätigungsfeld vorfinden. Dieses wird ihnen immer dann verstärkt geboten, wenn wir uns mit Negativitäten jedweder Art befassen und diese in unser Gedankengut einlassen, um ihnen damit die Möglichkeit zu gewähren, dort Nester zu bauen und seßhaft zu werden.

Das geschieht stets, wenn wir Gedanken wälzen, die einen destruktiven Charakter haben, wie etwa Neid, Eifersucht, Rachsucht, Haß oder Mißachtung des Lebens und seiner kosmischen Gesetze. Das sind Energiemuster, die im gesprochenen Wort ihre Verankerung suchen und meistens auch finden und die dadurch Eigenschwingungen erhalten, die sich wie ein Lauffeuer weiterverbreiten und sich mit Energiestrukturen vereinen, die demselben Status angehören und die deshalb einen guten Nährboden dafür bieten, daß die Saat reichlich aufgehen und sich verbreiten kann.

Hier handelt es sich um ein vom freien Willen ausgelöstes Wachstumsgeschehen, das sich auch auf irdische Verhältnisse sehr gut ummünzen läßt. Wir können uns nämlich genau vorstellen, was geschieht, wenn ein kleiner Same auf fruchtbaren Boden fällt und dort wachstumsfördernde Bedingungen vorfindet. Er sprießt, wächst und gedeiht schließlich zu einer ausgereiften Frucht, die als Nahrung für andere Lebensformen ihrer Bestimmung entspricht. Letztendlich verdorrt der Rest dieser Pflanze und wird zu Dünger für den Boden, der damit wieder aufbereitet wird, um neuem Samen eine Lebensgrundlage bieten zu können.

Das ist ein einleuchtender Vorgang, der uns allen bestens bekannt ist, der jedoch auch im Geistigen von ganz großer Aktualität ist. Deshalb wollen wir uns dieses Geschehen im spirituellen Bereich einmal genauer vergegenwärtigen, um dadurch noch besser verstehen zu können, was es eigentlich wirklich bedeutet, Gedanken, Worte und Taten zu manifestieren, die sich damit verdichten und Schwingungsformen annehmen, die der Ausgangsenergie vollkommen adäquat sind.

Angenommen, es geschieht folgendes: Eine besorgte Mutter erfährt von einer geplanten Reise ihres Kindes und ist darüber höchst aufgebracht, weil sie dahinter Gefahren vermutet, die jedoch nur ihrem Phantasiereichtum entspringen und in schwindelnde Höhen hinaufragen. „Was wird nur alles passieren?“ Darum kreisen ihre Gedanken unaufhörlich, und im Geiste malt sie sich bereits die schlimmsten Situationen aus und erlebt sie dabei bildlich. Voll Angst rät sie strikt von dieser Reise ab und erfährt dabei die nächste Enttäuschung, denn der junge Mensch läßt sich von seinem gefaßten Entschluß nicht abbringen.

Nun ist folgendes passiert: Durch die negativ aufgeladene Gedankenstruktur der Mutter sind Geistwesen oder Elementale geschaffen worden, die in sich den Wesenszug tragen und das verkörpern, was ihnen zum Leben verholfen hat. Damit beseelt machen sie sich nun auf den Weg, um gleichschwingende „Kameraden" zu finden, mit denen sie sich verbrüdern können. Schnell bildet sich ein größerer Trupp, der sich nun nach einer Betätigung umsieht und diese auch sehr bald in Form eines menschlichen Energiefeldes findet, das sich mit Angst, Sorgen und Befürchtungen aufgeladen hat und deshalb eine gewisse Anziehungskraft auf diese Elementale ausstrahlt, die man mit Magnetismus gleichsetzen kann.

Nun stürzen sich die Elementale vereint in dieses ungeschützte, lichtarm gewordene Kraftfeld und verdichten mit ihren Energien die dort bereits vorhandenen, was schließlich dazu führt, daß sich Angst, Sorge und Furcht noch mehr verstärken, zur Panik anwachsen und sich mit der Zeit so sehr verdichten, daß sie sich schließlich auf die körperliche Ebene verlagern.

Das ist eine kurze und einfach gehaltene Beschreibung, um aufzuzeigen, welchen Weg ein Gedanke nimmt, um auf fruchtbaren Boden zu fallen, dort zu wachsen und zu gedeihen.

Klar und deutlich ausgedrückt heißt das für uns, daß wir die Gedankenkontrolle sehr sorgfältig und gewissenhaft vornehmen sollten und daß wir uns mental in einen Lichtmantel einhüllen müssen, wenn wir nicht wollen, daß unser feinstofflicher Bereich zum Tummelplatz für unliebsame Energieformationen wird.

Es ist eine unumstößliche Tatsache, daß es uns möglich ist, das Licht um uns herum mit einer bewußten Einstellung zu verstärken und auszudehnen, um damit einen starken Schutzwall aufzubauen, der uns wie eine Festung umgibt und an dem unerwünschte Eindringlinge abprallen und kapitulieren müssen, weil das Licht uneinnehmbar ist und durch nichts zerstört oder bezwungen werden kann.

Das ist eine wunderbare Waffe, die es uns ermöglicht, von unerwünschten Energien verschont zu bleiben, um die eigenen Kräfte immer besser zu entwickeln und um schließlich im Glanze des weißen Lichtes den Sieg über die dunklen Mächte davonzutragen, da diese im Licht keinen Zugang zu uns finden können.

☆

Ein anderes, ganz wesentliches Kapitel bezieht sich auf die Erfüllung eines Reinigungsprozesses, der im Zeichen des weißen Lichtes ein sehr klärendes, auflösendes und tiefgreifendes Ritual ist, dem man sich im Bestreben um Läuterung und Integrität unterziehen kann und das hier genauer beschrieben werden soll.

Wir haben in diesem Reinigungs-Ritual im Zeichen des weißen Lichtes eine unermeßlich starke, durchdringende und transzendente Methode zur Verfügung, die es uns erlaubt, alte Schulden, unnötigen Ballast, Ungereimtheiten und Leiderfahrungen, die immer noch ihre Schatten auf unser Gefühlsleben werfen, abzuklären, mit Licht zu erfüllen und schließlich wie davonziehende Nebelschwaden aufzulösen.

Von einem solchen Ritual geht eine Leuchtkraft aus, die unübertroffen ist und die uns stets im vollkommenen Ausmaß zur Verfügung steht, damit wir uns auf diese Weise reinigen, von Schlacken befreien und mit neuem Glanz umgeben können. Das läßt sich auch auf die Klärung der Gefühls- und Gedankenwelt ausweiten, wodurch wir mit einem völlig neuen Lebensgefühl konfrontiert werden, das mit einem „Aussteigen“ vergleichbar ist, das man sich aus tiefstem Herzen heraus bereits ersehnt hat, wofür in der Realität jedoch keine Chancen zu erkennen waren.

Es ergeht einem dabei oft so, als würde sich ein fester Reifen um einen herumschlingen, der einem die Luft zum Atmen raubt, da er in seiner starren Form unbeweglich und unnachgiebig ist. Man fühlt dann den starken Druck auf der Brust und verlangsamt die Atmung, um die Beengung nicht noch unerträglicher werden zu lassen. Diese wird dadurch jedoch nicht gemildert, sondern sie verstärkt sich immer mehr, bis es schließlich darauf ankommt, sich entweder aus dieser bedrückten Lage selbst zu befreien oder von ihr überwältigt zu werden. Darin verdeutlicht sich ein Leidensdruck, der vielen Menschen nur allzu gut bekannt ist und der sich mit nichts anderem bereinigen läßt als mit dem weißen Licht und seiner allesdurchdringenden Reinigungskraft.

Angst, Schrecken, Befürchtungen und Unterdrückung haben keine Macht mehr über uns, wenn sich das leuchtende, glanzvolle Strahlen dieser kosmischen Kraftquelle in unser Leben ergießt und dort sowohl im feinstofflichen als auch im körperlichen Bereich Bedingungen schafft, die der vollkommenen Ordnung im Sinne der Göttlichen Schöpfung wieder zum Durchbruch verhelfen.

In diesem konkreten Hinweis sind zweierlei Hilfen aufgeführt: Erstens die Bereinigung unseres Geistkörpers, mit allen Schwingungselementen, die sich darin aufgebaut und verdichtet haben, und zweitens die unseres physischen Körpers, der in einem strukturellen System eingebunden ist, das mit dem Licht ebenso in einem unmittelbaren Zusammenhang steht.

Jede Zelle unseres Körpers ist ein Lichtfunke, der mit Farben und Formen erfüllt ist und der als Ausgangspunkt für vollkommenes Heilsein bezeichnet werden kann. Die Lichtfunken in Form unserer Zellen kommunizieren in Lichtgeschwindigkeit miteinander, und sie teilen einander ganz präzise mit, wie ihr momentaner Zustand ist und welche Mängel sich eingeschlichen haben.

Dadurch ist jede Zelle vom Befinden aller anderen Zellen bestens informiert, sie beinhaltet dieses Wissen in sich als ein Teil des Ganzen, und sie ist selbst eine Ganzheit im Verbund des gesamten Systems. Nun ist es für uns sehr aufschlußreich zu erkennen, wie diese lichterfüllten, mehr oder minder gut versorgten Zellen mit dem Licht im feinstofflichen Bereich in Resonanz treten und wie sie sich mit dieser empfangenen Frequenz auseinandersetzen.

Darin finden wir nämlich den unmittelbaren Weg, den eine geistige Formation nimmt, die mit destruktiven Schwingungsmustern aufgeladen ist, um sich dem Körperlichen mitzuteilen und sich dort anzusiedeln, vorausgesetzt, diese Nachricht trifft auf Zellstrukturen, die selbst in ihrer Lichtkapazität bereits stark geschwächt sind und die sich diesem Druck deshalb nicht widersetzen können.

„Killerzellen“ nennt man besonders lichtstarke, energiegeladene und abwehrstarke Zellformationen, die sich uns sozusagen als „Leibwächter“ zur Verfügung stellen, um unseren Organismus vor solchen verhängnisvollen Informationen zu schützen. Doch manchmal ist die Immunkraft im Körper generell bereits so geschwächt, daß auch diese „Wachposten“

an Effektivität eingebüßt haben und dem Ansturm der geistigen Energieformationen nicht mehr gewachsen sind.

Dann ist der Zeitpunkt für ein körperliches Leiden gekommen. Nun muß diese Energieverdichtung auf grobstoffliche Art behandelt werden. Dazu kommt noch der Leidensdruck, der aus Schmerzen resultiert sowie die Beeinträchtigung der Lebensführung, was sich deprimierend auf die Psyche auswirkt.

Hier verdeutlicht sich sehr eindrucksvoll ein Geschehen, das in einer geistigen Ursache seinen Auslöser gefunden hat und das in seiner verdichteten, lichtarmen Energieschwingung mit dem körperlichen Bereich in Resonanz tritt und sich dort manifestiert und ausbreitet, ohne Chance auf Gnade – es sei denn, diese Gnade wird erbeten und durch das Licht bewußt in Gang gesetzt.

Darin erblicken wir wieder die Schöpferkraft, die wir als Wesen des Lichtes, geschaffen aus der Göttlichen Liebe, in uns selbst beherbergen und die wir stets und uneingeschränkt zur Verfügung haben, wenn wir danach verlangen. So können wir unser Leben korrigieren oder eine Umkehr vornehmen, von der wir überzeugt sind, daß sie notwendig geworden ist, um damit dem großen Ziel näherzukommen.

Erzengel Gabriel steht uns bei und umfängt uns mit seinem lichterfüllten Wesen, um uns dabei zu unterstützen, wenn es darum geht, alte Schulden zu begleichen, wozu auch karmische Schulden zählen, unnötig gewordenen Ballast abzuwerfen, oder um eine Erneuerung herbeizuführen, die unserem Vorwärtskommen dienlich ist und die deshalb ein inniges Anliegen unserer Seele darstellt. Dem können wir oftmals allein nicht entsprechen, es wird jedoch mit der Kraft des weißen Lichtes immer und auf vollkommene Weise geklärt und geregelt, wenn wir unseren Blick nach oben wenden und uns dabei unserer Macht bewußt werden, die ein jeder von uns in sich trägt und die die unvorstellbar große Kraft verkörpert, die der Schöpferkraft Gottes entspringt.

Erzengel Raphael

Im Bereich des grünen Lichtes aus dem Herzen Gottes herrscht Raphael, der Erzengel des wahren Heilseins an Körper, Geist und Seele, der vollkommenen Ordnung im Sinne der kosmischen Gesetzmäßigkeit, der allumfassenden Wahrheit und der Heilung, die durch Umwandlung falscher Denkstrukturen und durch die Erneuerung lebensfördernder Kräfte in Gang gesetzt wird.

Dabei ist es die vordergründigste Aufgabe Raphaels, des Erzengels der Heilung, sämtliche Denkmuster auf eine Schwingungsebene anzuheben, die der Göttlichen Ordnung und der ihr innewohnenden kosmischen Wahrheit entspricht.

Dazu zählt ganz besonders die Mitmenschlichkeit, die Nächstenliebe und die Art des Miteinander-Umgehens, denn aus diesen Wesenszügen setzt sich das Potential unseres Energiefeldes zusammen und daraus resultiert auch seine mehr oder weniger starke Ausstrahlungskraft und die Resonanz auf unsere körperliche Struktur.

Im grünen Heilstrahl schwingt das Blau der Göttlichen Glaubenskraft, vereint mit dem Gelb der Göttlichen Weisheit in einer ausgewogenen, lebensspendenen Farbsymphonie, die sich im Grün offenbart, in dem Grün, das neues Wachstum und lebensspendende Nahrung versinnbildlicht, die wir daraus gewinnen.

Das Grün der Vegetation wird durch den grünen Blattfarbstoff Chlorophyll gebildet, das durch die Photosynthese der Pflanzen unsere Lungen mit dem nötigen Sauerstoff versorgt.

Im satten Grün ballt sich eine Energie zusammen, die man als die lebenserhaltende Kraft schlechthin bezeichnen kann, denn hier finden sich alle vier Elemente wieder, die sich als die Säulen des Universums darstellen, auf denen die gesamte Schöpfung ruht. Genauer erklärt heißt das, daß sich im Grün das ganze Potential der vier Elemente wiederfindet, das sich aus dem Prinzip Feuer, Wasser, Luft und Erde zusammensetzt und das in den Farben Blau, Gelb, Grün und in dem komplementär dazu stehenden Rot schwingt.

Das kann man sehr deutlich nachvollziehen, wenn man eine Farbmischung betrachtet, die aus Blau und Gelb besteht und aus der durch Mischen Grün zum Vorschein kommt. Dieses Grün, im Licht der Sonne betrachtet, hinterläßt eine starke rote Reflexion, wenn man die Augen schließt und das nun erscheinende Nachbild sichtbar wird.

Daraus ist für uns erkennbar, daß das Grün des Lichtes eine allumfassende Qualität in sich trägt, die sich sowohl auf geistige als auch auf körperliche Belange in gleicher Intensität ausdehnen läßt, weil hier eine ausgewogene Mitte zwischen diesen beiden Polen geschaffen wurde, die sowohl auf der einen als auch auf der anderen Seite ihre harmonische Ausgewogenheit vermitteln kann.

Daher bezeichnet sich Erzengel Raphael auch als der „Erzengel der ausgewogenen Mitte“, im Hinblick darauf, daß er sich dafür zur Verfügung gestellt hat, in ein geistig-körperliches Ungleichgewicht einzugreifen und mit der Qualität des grünen Lichtes neue Dimensionen zu schaffen, die einen Neubeginn ermöglichen, der mit frischem Schwung und dem Vertrauen zu den eigenen Kräften in Angriff genommen werden kann.

Daraus leitet sich ab, daß im grünen Strahl des kosmischen Lichtes eine ganz gewaltige aufbauende, erneuernde und umwandelnde Energie am Wirken ist, die uns in allen Lebenslagen als Richtschnur dient, der wir vertrauensvoll folgen können, da sie den Weg bereits voll erschlossen hat und nur darauf hinzielt, daß wir ihn erkennen und zu folgen bereit sind. Vorausgesetzt unser Willen ist dementsprechend ausgerichtet, unserem Ziel gemäß zu handeln.

Im Grün des Lichtes erkennen wir eine sehr gegensätzliche Schwingungsdynamik, die sich aus zwei ganz extremen Wirkungsfeldern zusammensetzt. Diese finden sich im sanguinischen und im melancholischen Temperament, so wie es sich in den beiden Farben Gelb und Blau versinnbildlicht. Das sind zwei Charakterzüge, die sich völlig widersprechen und die deshalb auch keinen gemeinsamen Nenner aufweisen. Im Wesen der Farbe Grün schwingen diese beiden Gegensätze jedoch in einem harmonischen Ganzen, indem sie sich friedlich vereinigt haben und in ihren beiden Extremen miteinander eine ausgewogene Verbindung eingegangen sind.

In dieser starken Gemeinschaft herrscht Ordnung, Friede, Gelassenheit und Solidarität dem anderen Pol gegenüber, der in seiner wesensfremden Art vollkommen respektiert wird. Daraus resultiert eine starke Partnerschaft, die Leben schaffen und erhalten kann, da sie sich mit dem Göttlichen Schöpfungsgedanken vollkommen im Einklang befindet.

In diesem Bereich ist es wesentlich, die Charaktermerkmale der beiden zugrunde liegenden Farbschwingungen genauer zu analysieren, um eine Vorstellung davon zu bekommen, welch extreme Gegenkräfte im Grün ihre Manifestation angestrebt haben, um in einer Gemeinschaftlichkeit zu wirken und gezielten Einfluß sowohl auf die alltägliche Lebensbewältigung als auch auf die geistig notwendige Entwicklung auszuüben.

Diese liegt im harmonischen Gestalten der Gedanken und Gefühle und in der lebensbejahenden Grundeinstellung, die dafür erforderlich ist, um, mit allem gut versorgt, seine Lebensreise bewältigen zu können und sein Ziel zu erreichen.

Im Einsatzbereich des grünen Lichtes finden wir deshalb eine Vielzahl menschlicher Bedürfnisse, Wünsche, Sehnsüchte und Eigenschaften, die sich auf der einen Seite auf Wohlstand, Erfolg, Glück in der Partnerschaft, Selbstverwirklichung und Fruchtbarkeit beziehen und andererseits auf verletzte Gefühle, Blockaden im Vorwärtskommen, Disharmonien im zwischenmenschlichen Bereich oder auf unerfüllte Dinge, die sich im Inneren aufgestaut haben und die vom Leben keine Beachtung erhalten.

Solche Emotionen sind es, die ein Dasein mit Unmut erfüllen und es in eine Ecke stellen, aus der kein Funke Hoffnung kommt. Furchtsamkeit, Unzufriedenheit, Neid und Mißgunst sind die Folgen davon, die sich sofort im Geistigen verdichten und ihre Schwingungsfelder immer weiter ausdehnen, um dann schließlich im körperlichen Bereich eine Schwachstelle zu finden, die sich als Ankerplatz für eine Manifestation eignet.

Auf diese Weise verstofflicht sich ein geistiger Prozeß, der mit viel Energie erfüllt und mit diesem Kraftreservoir machtvoll genug ist, um das in Gang setzen zu können. Im Bereich des grünen Lichtes ist für uns eine allesdurchdringende, lebenserhaltende und mit Lichtgeschwindigkeit zur Verfügung gestellte Schwingungskapazität vorhanden, der wir uns in dem Wissen um ihre Heilkraft anvertrauen können, wenn wir fühlen, daß in unserem Leben etwas aus dem Tritt geraten ist, das uns beeinträchtigt und die Ordnung stört, der wir verpflichtet sind.

Damit ist der Zeitpunkt gekommen, der uns die deutliche Warnung gibt, auf das „grüne Licht" zu achten, um die Straße des Lebens gefahrlos überqueren zu können und um auf der gegenüberliegenden Seite ein neues Ufer zu erblicken, das uns Halt bietet, damit wir fortsetzen können, was wir uns einst vorgenommen haben.

Im Betrachten einer Lebensstrecke, die einen mit unerklärlichen Details konfrontiert, liegt auch eine ganz große Bedeutung in der Form, daß man sich gezielt und konzentriert darum bemühen kann, dieses Thema abzuklären und in den Griff zu bekommen, damit es einer Bereinigung zugeführt werden kann.

Eine erkannte Aufgabe ist eine, die bereits halb gelöst ist, das ist eine Tatsache, und aus diesem Aspekt heraus ist es für uns sehr förderlich, wenn wir in solchen Situationen ein wenig innehalten und darüber nachdenken, welche Bedeutung dahinter stehen könnte, daß das Leben Anforderungen stellt, denen man bisher noch nicht begegnet ist. In dieser Form der bewußten Analyse eines Weges liegt ein beträchtlicher Vorsprung, den man damit gewinnen kann, wenn man sie gleich im Anfangsstadium vornimmt und dem Geschehen auf diese Weise rechtzeitig Beachtung schenkt.

Es ist oftmals ein großes Handicap, das man sich schafft, wenn man etwas, das einem bedenklich und unangenehm erscheint, einfach beiseite schiebt und davor wegschaut, in der Hoffnung, es auf diese Weise nicht mehr sehen zu müssen. Dadurch baut sich mit der Zeit eine immer höher werdende Barriere auf, die eines Tages mit bestem Willen nicht mehr zu übersehen ist, weil sie eine massive Blockierung im Lebensgefüge darstellt.

Dann ist die Zeit der Umkehr schon sehr weit überschritten, und es ist deshalb um ein Vielfaches schwerer geworden, als es im Anfangsstadium der Fall gewesen wäre. Deshalb sollten wir uns stets sehr deutlich vor Augen führen, daß es sich um eine hilfreiche Frühwarnung handelt, wenn in uns Gefühle aufsteigen, die auf eine Beeinträchtigung und Einschränkung unseres Daseins hinweisen und mit denen man sich nicht einverstanden erklären kann, weil sie die Lebensfreude schmälern und deshalb auch nicht gottgewollt sind.

Hier stehen wir wieder vor einem allgemein bekannten Problem, das das Dasein vieler Menschen erschwert und das deshalb so weit verbreitet ist, weil viele der Meinung sind, eine Selbstbeschränkung in Kauf nehmen zu müssen, um als kooperativ, tolerant oder als umgänglich zu erscheinen.

Hierbei handelt es sich jedoch nur um eine gewisse Art von Opportunismus und nicht um die Ausübung der Göttlichen Tugend der Nächstenliebe, wie das vielfach fälschlich ausgelegt wird. Dahinter steht vielmehr ein beeinträchtigtes Selbstwertgefühl, das sich zu Kompromissen bereit erklärt und die Persönlichkeitsentfaltung dadurch noch mehr blockiert. Hier erhalten wir einen ganz wesentlichen Hinweis, der in den Bereich des grünen Lichtes fällt und der als deutlicher Aufruf zu verstehen ist, sein Leben niemals und von niemandem in irgendeiner Art beschneiden zu lassen, nur um dadurch Ruhe und Frieden zu gewinnen, weil das immer nur ein „Scheinfrieden" sein wird, der keinen Wert für die Weiterentwicklung der Seele aufzuweisen hat.

In der Hierarchie des grünen Strahls liegt der Schlüssel zu unserer persönlichen Freiheit, und dort finden wir auch die Kraft und den Auftrieb, danach zu streben, als freie, individuelle und damit einmalige Persönlichkeit im Gefüge der Göttlichen Schöpfung unseren Platz einzunehmen und zu behaupten, so wie es unserer Höheren Führung entspricht, die sich mit Hilfe unserer inneren Stimme des Herzens sehr deutlich Gehör verschaffen kann.

Doch auch in diesem Punkt scheiden sich wiederum die Geister und spalten sich in zwei Lager. Auf der einen Seite die Vertrauensvollen, die ihrer Inspiration folgen und ihren Intuitionen gemäß handeln und auf der anderen Seite die kühlen Denker und Realisten, die sich auf ihren analytischen Verstand berufen und sich auf vage Vermutungen, wie sie es bezeichnen, gar nicht erst einlassen wollen.

Dennoch ist es Tatsache, daß solche Menschen, die den Mut haben, sich ihrer inneren Führung anzuvertrauen und dieser zu folgen, diejenigen sind, die der Welt große Taten, Erfindungen oder sonstige bemerkenswerte Errungenschaften schenken, da sie in ihrem Denken mit dem Großen, Ganzen in Verbindung stehen und nicht nur mit ihrem beschränktem Wissen, das sie sich irdisch erwerben konnten.

Bedeutungsvolle Werke, die ihre Urheber noch lange überleben, sind nicht mehr und nicht weniger als die inspirative Erleuchtung eines Geistes, der sich in der Materie befindet und der sein Gedankengut hier auf Erden manifestiert hat.

Bei einem solchen Schöpfungsakt sind stets unzählig viele Lichtwesen, Engelscharen und aufgestiegene Seelen zugegen, die sich im geistigen Bereich darum bemühen, diese kraftvollen Energieformationen spirituell zu unterstützen und mit Lichtqualität aufzuladen, damit sie ihrer Eigenschwingung gemäß zu dem heranwachsen können, was ihrer geistigen Ursprünglichkeit entspricht.

Angenommen, ein Mensch trägt sich mit dem Gedanken, eine Situation entscheidend verbessern zu wollen und beginnt darüber nachzudenken, wie das am besten zu bewerkstelligen wäre. Viel erlerntes Wissen steht ihm dabei zur Verfügung, doch der geniale Einfall, der ihm aus seiner intuitiven Wahrnehmung plötzlich zufällt, der ist es letztlich, der diesem Bestreben zum Durchbruch verhilft, da es erst dadurch möglich geworden ist, Bedingungen zu schaffen, die den Erfolg ausmachen.

Alle große Erfindungen sind auf diese Weise geboren worden und tragen ein geistiges Potential in sich, das aus dem bloßen, analytischen Verstehen heraus nicht zu erreichen gewesen wäre. In jedem Menschen liegt der „geniale Funken“, der sich als das „Innere Licht“ bezeichnen läßt, das er mit seiner Gottgegenwart – ICH BIN – verkörpert.

Mit diesem Bewußtsein ist es besser zu begreifen, daß es in uns liegt, was wir aus unserem Leben machen und welche Werte wir ihm verleihen, denn ein jeder von uns ist mit dem Göttlichen Funken beseelt und deshalb ein Mitschöpfer Gottes in einem Universum, das sich als globale Einheit präsentiert und in dem wir ein Teil des Ganzen sind – ein Mikrokosmos im Makrokosmos.

Dahinter finden wir jedoch auch die Erklärung für unser Dasein, und wir erkennen darin ebenfalls die enorme Wichtigkeit unseres Lebens und seine Bedeutung für die Ganzheit der Schöpfung, die sich dazwischenschaltet, um unseren Weg zurück zur Einheit zu gewährleisten.

Im Verstehen dieses universellen Planes liegt ein kraftvolles Hilfspotential, das sich all jenen anbietet, die in sich den Wunsch verspüren, Einblick in die großen Geheimnisse des Lebens zu erhalten, um damit besser gerüstet zu sein für den Weg zurück zum LICHT.

☆

In der Einstellung, die wir zu unserem Leben haben, liegt der Schlüssel zum Erfolg, dieses auch bestmöglich erfüllen zu können, denn hier findet sich die Grundsubstanz, die sich dafür zur Verfügung stellt, ein Dasein mit allen Möglichkeiten ausschöpfen und zufriedenstellend erfüllen zu können.

Aus diesen Worten schwingt Hoffnung – und die ist auch im großen Umfang darin enthalten, weil wir uns nun ganz klar vorstellen können, was es bedeutet, mit eigenen Mitteln und Fähigkeiten einen Weg zu beschreiten, der sich als erfolgversprechend, zielführend und dem Wunsch der Seele gemäß darstellt.

Es ist unser höchstes Gut, das wir vom Schöpfer erhalten haben und das uns dazu befähigt, in eigenständiger Weise alles bewältigen zu können, was bewältigt werden muß, um zufrieden und glücklich sein zu können. Es liegt also an unserer ganz persönlichen Einstellung, die wir unserem Dasein gegenüber haben, was wir zu vollbringen imstande sind und welche Erfolge damit ermöglicht werden.

Dieser Faktor ist ganz entscheidend, wenn wir nun daran gehen wollen, unsere Persönlichkeit zu analysieren und unsere körperlichen Belange unter die Lupe zu nehmen, um daraus Schlüsse ziehen zu können, welche unmittelbare Resonanz zwischen dem geistigen und dem körperlichen Bereich besteht.

In erster Linie geht es dabei darum, die eigenen Wesenszüge einmal genau zu betrachten und einer Bewertung zu unterziehen, um sie dann im Körper wiederzufinden und zu begreifen. Es gibt nämlich einen ganz unmittelbaren Zusammenhang zwischen den Persönlichkeitsmerkmalen eines Menschen und seinem körperlichen Zustand, der stets genau das widerspiegelt, was er aus dem Geistigen heraus signalisiert bekommt.

Hier wirken also immer zwei Faktoren zusammen, wenn es zu einer krankheitsauslösenden Ursache kommt, die im grobstofflichen Bereich zum Ausdruck gebracht wird. Dazu kommt die geistige Kraft, die sich als Kardinalpunkt darstellt, wenn es darum geht, geistige Auslöser zu setzen – sei es in die eine, oder in die andere Richtung.

Das heißt, daß unser formender, bildender Geist mit seiner Visualisierungskraft den Auslöser betätigt und die Triebfeder in Gang setzt, die damit wirksam zu werden beginnt und sich dann in Schwingungsrotationen begibt, die einem spiralförmigen Kreisen vergleichbar sind. Dieses schraubt sich nun, bildlich gesprochen, hinauf oder hinab, um sich entweder im spirituellen oder im materiellen Bereich zu manifestieren.

Im Geistigen verankerte, spiralförmige Energieformationen bewirken eine Energieanhebung in höhere Dimensionen und damit gleichzeitig auch eine echoauslösende Information, die sich mit Lichtgeschwindigkeit im feinstofflichen Bereich ausbreitet und ihre Leuchtkraft weitergibt, um diese so immer stärker und umfassender werden zu lassen.

Man könnte das mit einem Feuerwerk vergleichen, das sich über einem sternenbesäten Himmel ausdehnt, mit seinem Leuchten die Lichtkapazität der Gestirne erreicht und von diesen durchglüht immer mehr an Intensität zunimmt. Der stattfindende Energieaustausch verdichtet sich zusehends, indem er sich mit weiteren Kraftfeldern verbindet, die sich diesem Geschehen auf ihre Art ebenfalls mitteilen wollen.

Das ist ein sehr vereinfacht dargestellter Vergleich, um ein Bild davon zu gewinnen, was mit den Lichtenergien geschieht, die sich mit kraftvollen, spiralförmigen Schwingungen nach oben hin ausdehnen. Sie stoßen dabei auf eine unermeßlich große Resonanz und treten mit all den Energieformationen in engen Kontakt, die sich ihrerseits zum Licht emporgeschwungen haben, um dort ihr geistiges Echo zu finden.

Im Gegensatz dazu sinken solche Visualisierungen, die sich mit destruktiven Energien erfüllt sehen, im freien Fall zur irdischen Ebene, um sich dort niederzulassen und auszudrükken. Das verdeutlicht sich in Form falscher Reaktionen, heftiger Gefühlsausbrüche, körperlichen Unbehagens oder von Schmerzzuständen, die sich in einem Körperteil Ausdruck verschafft haben, der im weiteren Sinn Rückschlüsse darauf zuläßt, was der eigentliche Kern der ursprünglichen Gedankenformationen gewesen ist.

„Körpersprache“ nennen wir dieses Phänomen und verstehen darunter Symptome, die sich auf geistige Ursachen zurückführen lassen, wie zum Beispiel Verdauungsstörungen und ihr deutlicher Hinweis, etwas geistig Unverdauliches nicht loslassen zu können, weil man sich außerstande sieht, es körperlich zu verarbeiten. Eine Diskrepanz zwischen Begreifen, Verdauen- und Loslassen-Können führt zu körperlichen Unannehmlichkeiten, die sich genau dort verdeutlichen, wo die körperliche Entsprechung liegt und den Gegenpol zur geistigen Ausgangsposition bildet

Daran erkennen wir eine unmittelbare Verbindung zwischen Ursache und Wirkung von geistigem Gedankengut und unserem Körper, der uns als „irdisches Gewand" dient und gleichzeitig auch als Gradmesser unserer geistigen Entwicklung, unseres Fortschritts und unserer Fähigkeit zur Aufarbeitung unseres Gedankenguts, um damit eine Regeneration in Gang zu setzen und wahres Heilsein zurückzuerlangen.

Ein verdichteter, krankheitsauslösender Zustand ist stets auf die gleiche Weise zu bereinigen und auszugleichen, wie er geschaffen wurde: durch die Kraft der Gedanken und durch positive Energieformationen, die mit ihrer spiralförmigen Lichtkraft in geistige Gefilde hinaufreichen, um dort eine Bereinigung und Auflösung all dessen vornehmen zu können, was im Irdischen als Krankheit, Not, Leid oder Entbehrung angehäuft wurde. Es sind stets die spirituellen Kräfte, die eine Umwandlung bewirken können und die dazu in der Lage sind, mit Lichtgeschwindigkeit Zustände zu verändern, die sich aus dunklen Geistessubstanzen heraus geformt und verselbständigt haben.

Licht ist eine allesdurchdringende, reinigende und umwandelnde Kraft, die im Schöpfungsritual an die erste Stelle gesetzt wurde, um mit dieser Urenergie alle anderen Lebenskräfte zu formen und zu manifestieren.

Unser Schöpfer hat das LICHT an den obersten Platz gestellt, um damit alle anderen Schöpfungswerke zu krönen und ER hat dem LICHT damit die allesdurchdringende, lebenserfüllende Macht verliehen, die es nach wie vor ungebrochen und uneingeschränkt zur Verfügung hat, um alle Zustände, die danach verlangen, mit einer Substanz zu erfüllen, die auflösend und veredelnd wirkt und die die Kraft hat, die Dunkelheit zu durchdringen und mit LICHT zu durchfluten.

„Wunderheilungen" sind nichts anderes als vergeistigte Lichtkräfte, die mit dem körperlichen Geschehen in Resonanz getreten sind und auf diese Weise eine vollkommene Bereinigung in der Materie ausgelöst haben.

Das heißt für uns ganz klar und deutlich, daß jegliche Art von Heilung auf körperlicher Ebene nur dann in vollkommener Art und Weise erlangt werden kann, wenn im geistigen Bereich die Lichtfrequenz in Gang gesetzt werden konnte, die sich als auflösende, bereinigende Energie stark genug erweist, um dieses bewerkstelligen zu können. Jede andere Art von Heilung, die im grobstofflichen Bereich auf andere Weise vorgenommen wird, vollzieht sich auf Kosten einer Symptomverschiebung auf andere Körpergebiete und ist deshalb auch nicht von bleibendem Wert, so wie es bei einer spirituell ausgelösten Heilung der Fall ist.

In dieser Erkenntnis liegt für uns das große Vorrecht, das wir über unser körperlich-geistiges Befinden haben, das wir auf unsere ganz persönliche Weise mit Lichtkraft aufladen und vergeistigen können, um damit vollkommenes Heilsein zu erlangen und beizubehalten.

Es liegt an unserer eigenen Schöpferkraft und an der spirituellen Kapazität unserer Gedankenformationen, in welche Richtung wir unsere Energiespirale drehen und wohin wir unseren Blick lenken, wenn wir uns in geistigen Turbulenzen befangen sehen, die einer Klärung bedürfen – nach oben zum Licht und zu den Göttlichen Tugenden der Liebe, Güte und Barmherzigkeit oder nach unten, zur Dunkelheit, wo Rache und Vergeltung zu Hause sind und wo das LICHT nicht zu finden ist.

☆

Im Licht ist alles klar, hell und durchflutet von Energien, die Leben ausdrücken, und deshalb ist es für uns von ganz großer Bedeutung, diese Macht des Lichtes für unsere Belange einzusetzen, um damit Klarheit, Wahrheit, Ausgeglichenheit sowie vollkommenes Heilsein an Körper, Geist und Seele zu erlangen.

Erzengel Raphael ist der große Heiler im Bereich des grünen Lichtes, das die gesamte Palette abdeckt, die mit unserer Lebensbewältigung und mit der Erfüllung unserer Lebensaufgabe in Zusammenhang steht. Deshalb haben wir in ihm einen mächtigen Helfer, wenn es darum geht, Ordnung und Harmonie in unser Leben zurückzubringen und neue Lebensimpulse zu erhalten, um damit etwas in Angriff zu nehmen, was die eigenen Kräfte übersteigt, was jedoch ein großes Anliegen darstellt und deshalb bewältigt werden möchte.

Oftmals hat es den Anschein, als würde sich ein gewaltiges Hindernis vor einem aufbauen und alle Wünsche zunichte machen, die man sich ersehnt hat, weshalb man den Mut immer mehr sinken läßt und schließlich aufgibt. Das bedeutet jedoch, seinen Kräften nicht zu vertrauen und im Bewußtsein der eigenen Unzulänglichkeiten das Handtuch zu werfen. Hier veranschaulicht sich ein allgemein übliches Vorgehen, das sich mitunter buchstäblich im letzten Moment abspielt, gerade vor einer Wegbiegung, die den Blick auf das heißersehnte Ziel endlich freigegeben hätte.

In solchen Situationen ist das Licht vergessen worden, das die Kraft zum Durchhalten überreichlich geboten hätte, wäre man rechtzeitig an diese Quelle herangetreten und hätte sich der Lichtenergien bedient, die für uns alle bereit sind. Es liegt jedoch stets ganz allein an uns selbst, diese zur Verfügung stehende kosmische Hilfe bewußt in unsere Angelegenheiten einfließen zu lassen, um damit das Kapital zu verstärken, das uns dabei unterstützt, all das in Erfüllung bringen zu können, was unserem Bestreben entspricht und was wir vollziehen möchten, um unser Dasein zu bereichern und auf den Platz emporzuheben, den wir uns dafür gewählt haben.

In diesem Hinweis liegt ganz deutlich die Aufforderung zur Tat – und diese ist es, die wir jetzt genauer betrachten wollen, um daraus unsere Schlüsse zu ziehen und eine gezielte Anweisung in Händen zu haben, die uns das ermöglicht, was wir hier als „die Tat" bezeichnen.

Dazu ist es in erster Linie erforderlich, sich ganz klar und deutlich bewußt zu machen, welche Dinge es sind, die einem zur notwendigen Durchsetzung eines Wunsches verhelfen können oder welchen Plan man als notwendig erachtet, um seinem Ziel näherzukommen und welche Schritte dafür unternommen werden müssen, um mit eigenen Kräften und Möglichkeiten dieses bestmöglich zu erreichen.

Sehr förderlich ist auch eine detaillierte Aufstellung der einzelnen Stationen, die einem vor Augen schweben, um so die Richtung besser überschauen zu können, in die man gelangen möchte. Es gehört jedoch auch das kreative Vorstellungsvermögen dazu, das sich als lebhaftes, buntes Bild einfügt und das sich ganz deutlich abzeichnet, wenn man den „richtigen Film" eingelegt hat.

Dieser ist die notwendige Voraussetzung dafür, daß sich vor unserem geistigen Auge etwas abspielen kann, was wir zu sehen gewillt sind. Deshalb ist dieser „richtige Film“ mit dem freien Willen gleichzusetzen sowie mit den Gedanken und Gefühlen, die dabei von ganz entscheidender Bedeutung sind.

Nur wirklich anfeuernde, zur Begeisterung hinreißende und aufmunternde, geistige Impulse sind nämlich erst dazu in der Lage, zu einer inneren Einstellung zu verhelfen, die Kraft genug besitzt, Hürden und Umwege in Kauf nehmen zu können, ohne daran zu scheitern und vorzeitig einen Wunsch aufzugeben, der dann eben doch nicht kraftvoll genug gewesen ist, um sich manifestieren zu können.

Hier zählt nur die Macht des Geistes, die sich zu wahrer Meisterschaft emporschwingt, um so eine Realisierung einzuleiten, die sich schließlich auch tatsächlich einstellt und sichtbar wird. Doch hier scheitern viele deshalb, weil sie sich nicht stark genug vorstellen können, was es für sie bedeuten würde, ihrem Wunsch gemäß eine Verwirklichung zu erleben, die positive Veränderungen, neue Chancen, vollkommene Gesundheit, Freude und Wohlergehen mit sich bringt.

Vielfach ist es auch so, daß man sich einfach nicht begreiflich macht, welche enorme Macht man mit einem geistigen Schöpfungsakt in Händen hat. Darin verdeutlicht sich jedoch ein ungenügend vorhandenes Selbstwertgefühl, weshalb man es sich gar nicht erst gestattet, in Höhen hinaufzublicken, die einem unerreichbar scheinen, weil man sich dafür nicht wertvoll genug fühlt.

Minderwertigkeitskomplexe sind ein großes Manko, das sich nur in einem Wesen deutlich machen kann, das dem LICHT keinen Respekt zollt, weshalb es auch nicht der Kräfte habhaft werden kann, die sich dahinter verbergen. Diese drängen sich jedoch niemals auf, sondern sie stellen sich zur Verfügung, um in Anspruch genommen zu werden und um in einem Menschen, der sich bewußt danach ausrichtet, eine Mauer zu durchdringen, die sich als Hindernis oder als Nebelwand vor ihm aufgebaut hat, die Sicht raubt und ihm damit den klaren Durchblick verwehrt, was zu Unsicherheit und Verwirrung führt. In solchen Lebensphasen steht dem Wissenden jedoch das LICHT in seiner ganzen Fülle zur Verfügung, und er hat damit ein kraftvolles Werkzeug, das ihm hilft, alles bewältigen zu können was notwendig ist, um dem Leben zu mehr Substanz, Freude und Zufriedenheit zu verhelfen.

Erzengel Raphael hält das grüne Licht in seinen Händen und reicht es liebevoll demjenigen, der sich danach sehnt, in seinem Leben eine Realisierung vornehmen zu können, die zu einem vollkommenen Erfolg für seine unsterbliche Seele werden soll.

Das Licht im Wesen eines Menschen erstrahlt stets dann am wundervollsten und stärksten, wenn er sich dazu bereit erklärt, im vollen Wissen um seine eigene Schöpferkraft eine Tat zu setzen, die im Sinne seiner Seele ein weiterer Schritt zum Ziel bedeutet, die ihn dazu befähigt, immer höher hinaufzugelangen in die Sphären, in denen keine Beschränkungen oder Hindernisse vorhanden sind, da sich dort das LICHT befindet, weshalb sich hier Klarheit, Ruhe, Frieden, Ordnung und vollkommene Harmonie ausgebreitet haben.

Erzengel Uriel

Im hohen Bereich des rubinrotgoldenen Lichtes wirken Erzengel Uriel und seine Heerscharen, die sich dem Göttlichen verpflichtet haben und mit ihrem Einsatz dazu beitragen, daß die Hinwendung an das Göttliche im Bewußtsein einer Kraftmobilisierung vor sich gehen möge und nicht im Flehen um Befreiung aus Nöten, Sorgen und Bedrängnissen, die sich meist als die auslösende Ursache für ein Gebet darstellen.

Im Hoheitsgebiet des rubinrotgoldenen Strahls herrscht Freude und Jubel im Wissen um die Göttliche Gnade und um die Fülle der Göttlichen Liebe, die sich daraus ergießt. Hier erblicken wir eine hohe Ebene, die sich aus der Anbetung Gottes heraus mit Freude erfüllt sieht und die dieses große Gut der Freude auf uns herabstrahlt, damit wir es in uns aufnehmen und verinnerlichen mögen.

So erhalten wir die nötigen Kraftreserven, die uns die durchschlagskräftigen Energien vermitteln, die wir stets dann besonders dringend benötigen, wenn wir uns in einer Lebensphase durch unwegsames Gelände hindurchkämpfen müssen und uns stark gefordert fühlen.

Aus der kraftvollen Farbschwingung, die sich aus Rubinrot und Gold zusammenfügt und die in ihrer Vermischung ein leuchtendes Orange ausstrahlt, erfahren wir die Freude in ihrer ursprünglichsten Form und damit auch die Dankbarkeit, die uns für dieses freudige Gefühl überkommt, das überschäumend und durchdringend dazu imstande ist, sorgenvolle, destruktive und pessimistische Gedankenformationen aufzulösen und in ihr genaues Gegenteil umzuwandeln – nämlich in Zuversicht, Kreativität und Optimismus.

Das sind die hervorragendsten Eigenschaften, die sich in diesem orangen Farbpotential ausdrücken und die für unsere Lebensbewältigung von unermeßlich großem Segen sein können, wenn wir uns bewußt darum bemühen, Gedanken, Worte und Taten mit dem gewaltig einflußreichen Energiefluß Orange zu untermalen.

In Erzengel Uriel erblicken wir den großen Himmelsfürsten, der sich dazu anbietet, in uns die Kraft der Freude zu verstärken, damit wir aus diesem Glücksgefühl heraus all das in Angriff nehmen, was das Leben von uns fordert und was uns die Bewältigung desselben erleichtert und besser bewerkstelligen läßt.

In der Freude liegt ein großes Kraftpotential, das uns mit seinem Einfluß dabei hilft, die Bürde unseres Daseins ganz anders tragen zu können, als es ohne diese Energieform möglich wäre. Damit erhält unser Dasein viel mehr an Effektivität, Ansporn und innerer Bereitschaft zum Durchhalten, und es ist uns viel gezielter möglich, trübe Gedanken abzubauen und mit neuen Energien zu ersetzen, die lebensfördernd und konstruktiv sind.

Das ist ein sehr wesentlicher Aspekt, der vielfach noch keine Berücksichtigung erlangen konnte, wenn es darum geht, eine Lebenssituation verändern zu wollen und dafür, anstatt wie üblich, Mühsal und Entbehrungen auf sich nehmen zu müssen, die Farbkomposition der Freude und Dankbarkeit – Orange – einzubringen, um damit eine ganz andere Ausgangsposition zu schaffen als im anderen Fall.

Dahinter steht für uns die Aufforderung, Freude in unser Leben einfließen zu lassen, weil das gottgewollt ist und weil daraus die Dankbarkeit erwächst, die wir unserem Schöpfer entgegenbringen, wenn Erfolg, Auftrieb, Zufriedenheit und Glück unser Dasein beherrschen. Daraus ist klar ersichtlich, daß es stets gute, aufbauende und lebensbejahende Gedanken sind, die uns weiterbringen und emporführen zu höheren Gefilden, nach denen wir eine große Sehnsucht in unserem Herzen tragen.

Im Hoheitsbereich des Erzengels Uriel finden wir das große Kapital der Freude vor und deshalb auch die Dankbarkeit und die Anbetung Gottes, die sich daraus ergibt, wenn sich ein Glücksgefühl Ausdruck verschaffen möchte.

Auf unser irdisches Dasein bezogen heißt das, daß wir dazu aufgefordert sind, Freude und Erleichterung in unser Herz einziehen zu lassen und daß wir uns ganz bewußt darum bemühen sollten, finstere Gedankenstrukturen mit Farbschwingungen einzuhüllen, die in ihrer orangen Pracht mit der aufgehenden Sonne vergleichbar sind und die einen ungemein erneuernden, transformierenden Effekt haben, wenn wir sie bewußt ganz intensiv in unseren Geist einfließen lassen.

Es ist dann in der Tat so, als würde die Sonne aufgehen, die die Dunkelheit der Nacht mehr und mehr durchglüht, bis nichts mehr davon übrig bleibt, als nur noch Licht und Wärme als Grundlage für erwachendes Leben und für einen neuen Tag mit allen Voraussetzungen, um ihn freudig durchleben zu können.

In diesem Bild der aufgehenden Sonne liegt Leben mit all seinen Möglichkeiten und Chancen für kreatives Wachstum und für gewinnbringendes Gestalten und Formen desselben. Wir erblicken darin ein Licht der Hoffnung und der Freude, die daraus entspringt. Es ist die unbändige Freude, all das vorfinden und in Empfang nehmen zu dürfen, was wir brauchen, um unser Dasein mit allem zu versorgen, was es benötigt, um zu einem leuchtenden Stern zu werden, der seinen Platz im Universum erobern kann.

Im Anbetracht dessen, daß es im irdischen Dasein viel mehr Leid als Freude zu geben scheint, ist es für uns eine ganz enorme Aufmunterung und ein Ansporn, dieser Tatsache einmal genauer auf den Grund zu gehen, um zu erkennen, warum das so ist und welche tiefe Problematik dahintersteht.

Der Verlust von Freude führt in die Dunkelheit und gleichzeitig auch in die Abhängigkeit, da die Dunkelheit dem Leben feindlich gegenübersteht und dieses verneint. Hier sind die beiden Extreme Licht–Leben und Finsternis–Tod gemeint, um diesen Vergleich besser verständlich machen zu können.

Im Leben ist die Freude stets der zündende Funke, der dieses mit neuen Energien versorgt und zu Höchstleistungen befähigt. Die Finsternis verbreitet Angst, Lebensüberdruß und führt damit auch zum Verlust von Vitalität und Einsatzbereitschaft, weil das Lebenselexier fehlt, das sich ganz allein nur im Licht befindet.

In weiterer Folge führt Angst zu Abhängigkeit und damit auch zum Verlust des Selbstwertgefühls, das immer schwächer wird, je mehr man sich bevormunden läßt. Das ist die Endstation des freien Willens, der nun in seiner Ausdruckskraft völlig lahmgelegt wurde und der nicht mehr imstande ist, eigene Akzente zu setzen, weil seine Willenskraft gebrochen scheint und dieses nicht mehr zuläßt.

Doch sogar in solch auswegslos gewordenen Situationen ist es absolut möglich, mit Hilfe des rubinrotgoldenen Lichtes neue Lebensformeln zu schaffen, die eine Umkehr zum Licht bewirken können. Hier drängt sich nun wieder der Vergleich mit der aufgehenden Sonne auf, die mit ihrem orangenfarbenen Feuerball alles durchglüht, was der Dunkelheit verhaftet war und die mit ihren erwärmenden Strahlen neues Leben, einen neuen Anfang ankündigt.

☆

Im Wissen um die Macht des Lichtes ist es für uns immer klarer und verständlicher geworden, daß wir dieses in unser Dasein einbeziehen müssen, um daraus all das erhalten zu können, was unser Leben benötigt und was nach einer Umwandlung im Sinne der Aufwärtsentwicklung verlangt.

Deshalb ist es notwendig, daß wir uns darüber klar sind, welche enorme Hilfe uns in Form der farbenerfüllten Lichtstrahlen zur Verfügung steht und wie unendlich groß die Macht unseres Geistes ist, mit dessen Unterstützung wir diese Farbkräfte in ein Geschehen einleiten können, das einer Klärung und Umwandlung bedarf.

Hier soll noch einmal ganz klar zum Ausdruck gebracht werden, daß es an uns selbst liegt, eine Transformation vorzunehmen, die sich im Geistigen vollzieht und die dann im körperlichen Geschehen eine ihr vollkommen entsprechende Resonanz findet. Darin liegt das Geheimnis des feinstofflichen Energieaustausches, der sich auf geistiger Ebene abspielt und der dem Körper dann automatisch in Form von Lichtenergien signalisiert wird, die die Fähigkeiten haben, transformierend zu wirken.

Diese Energiepartikel sind zwar feinstofflich, doch sie haben die Fähigkeit zur Manifestation und damit auch zu einer vollkommenen Veränderung eines Zustandes, der sich beispielsweise als Krankheitsbild äußert. In diesem Wechselspiel von Energiesubstanzen verdeutlicht sich so der kosmische Grundgedanke: „Wie innen so außen, wie oben so unten“, und deshalb spiegelt sich in diesem Geschehen eine Macht wider, die mit der Schöpferkraft gleichgesetzt werden kann.

Ein Energieaustausch, der sich im Geistigen vollzieht und dann dem Körper mitgeteilt wird, hat etwas von der Beschaffenheit, die im übertragenen Sinn mit der Erschaffung neuen Lebens zu tun hat – und das ist so zu verstehen: In einem Dasein hat sich eine geistige Substanz niedergeschlagen, die einen destruktiven Charakter hat, weshalb sie schließlich zu körperlich-seelischen Schmerzen und Beschwerden führt, die sich als eine deutliche Warnung im Organismus eingenistet haben, um den Menschen mit ihrer Präsenz darauf hinzuweisen, daß etwas in seinem Denkmuster verändert werden muß, um eine Wiederherstellung des alten Zustandes von Gesundheit und Wohlbefinden zurückerlangen zu können.

Diese „mahnenden Wächter“, wie sie durch Schmerzen und Unbehagen verkörpert sind, dienen dazu, eine stumme Aufforderung an den Geist zu schicken, damit sich dieser seines Urzustandes wieder bewußt wird und eine Veränderung herbeiführt, die dazu notwendig ist, neue Lebensbedingungen zu schaffen. Die Voraussetzung dafür ist, daß ein Mensch in seinen Beschwerden eine solche Hilfe erblickt und dazu bereit ist, eine geistige Umkehr vorzunehmen, die ihm den ausschlaggebenden Impuls vermittelt, der dazu in der Lage ist, dem Körper mitzuteilen, daß die „mahnenden Wachposten“ nun abgezogen werden können, da ihre Anwesenheit nicht mehr vonnöten ist.

In diesem einfachen Beispiel liegt für uns alle eine ungemein große Erkenntnis, die sich ganz gezielt darauf bezieht, daß es uns in unserem Mensch-Sein möglich ist, vom Geist her eine Umkehr vorzunehmen, die notwendig wurde, da man einsehen konnte, daß es im Bereich des Machbaren liegt, eine Verschiebung geistiger Werte vorzunehmen und dabei die Priorität zu berücksichtigen, die dahintersteht. Diese muß immer und ohne Ausnahme zugunsten der Lebensgesetze vorgenommen werden, um die geistigen Energiepartikel in Schwung zu setzen, die dem Leben zu einem Neubeginn verhelfen.

Damit ist eines der größten Mysterien der Menschheitsgeschichte gelüftet und uns zu Bewußtsein gebracht worden. Wir selbst haben es uneingeschränkt und machtvoll in unseren Händen, unser körperlich-seelisches System mit positiven, lebensfördernden und aufbauenden Energien zu erfüllen, wenn wir bewußt darangehen, die im Geistigen dafür notwendigen Voraussetzungen zu schaffen und die Weichen zu stellen, um dieses in vollkommener Weise bewerkstelligen zu können.

Im Geist liegt die Macht unseres Schöpfers verankert und auch SEINE Liebe in der Art, daß es uns in unser eigenes Ermessen gelegt worden ist, wie wir einen Gedanken formen wollen und welche Energieformationen wir dahintersetzen, um diesen damit zu motivieren und aufzuladen, auf daß er sich schließlich spiralförmig zum Licht emporschwingen kann, um dort seine Bevollmächtigung zu übernehmen. Diese liegt im Erhalten der vollen Lichtkraft und befähigt ihn auf diese Weise dazu, mit Lichtgeschwindigkeit in die körperliche Hülle des Lichtträgers zurückzugelangen, um dort eine Manifestation zugunsten des Lebens und des vollkommenen Heilseins vorzunehmen.

In dieser Aussage liegt also das Geheimnis unseres Lebens und gleichzeitig auch die absolute Gewißheit, daß es uns selbst anvertraut wurde, wie wir unsere geistig-körperliche Energieinformation gestalten und welchen Wert wir uns dabei selbst setzen wollen, um aus einer Lage befreit zu werden, die unseren Wünschen und Vorstellungen nicht entspricht. Insofern kann man also ganz klar behaupten, daß es jeder selbst in der Hand hat, wie er sich fühlt und welche Grenzen und Beschränkungen er vorfindet – oder aber, welche Chancen und Möglichkeiten vor ihm liegen, die ihm zum Vorteil gereichen und die zum besseren Vorwärtskommen höchst förderlich sind.

Niemand ist dazu verurteilt, etwas erdulden zu müssen, was er nicht auf sich nehmen möchte und daher ablehnt. Auch das ist eine ganz klare, eindeutige Aussage, an der nicht zu rütteln ist, denn sie ist unumstößliches Gesetzesgut, das sich aus dem Göttlichen Gnadenstrom herleitet und das im kosmischen Geschehen zum Wohl all derer eingegliedert ist, die sich daran aufrichten wollen, um damit in ihrem eigenen Denken etwas in Gang zu setzen, das mit vollkommener Heilung auf körperlich-seelischer Ebene gleichgestellt werden kann.

Im Dasein eines Menschen ist eine völlige Erneuerung seines grobstofflichen Gewandes möglich, wenn er sich dazu bereit findet, eine geistige Bereinigung anzustreben, die sich in folgenden Schritten gezielt vollziehen läßt: Zuerst ist es vonnöten, sich seinen körperlichen Zustand als einen deutlichen Hinweis darauf zu vergegenwärtigen, was damit ausgedrückt werden soll und welche Mahnung hinter dem Symptom steht, das so viel Geistesenergie zur Verfügung hatte, daß es sich manifestieren konnte.

Von der „Körpersprache" haben wir bereits geredet und deshalb soll hier nur noch einmal kurz daran erinnert werden, wie wichtig es ist, den körperlichen Ausdruck dessen zu betrachten, was im Geistigen einmal der Auslöser dafür gewesen ist. Das ist mit dem Wissen um die deutliche Sprache des Körpers sehr leicht nachzuvollziehen, um der ursprünglichen Mentalenergie, die diese Impulse gesetzt hat, nahekommen zu können.

Im weiteren Sinn kann man diesen Vorgang auch als eine Art von Gewissensüberprüfung bezeichnen, die erforderlich ist, um in seinem Inneren all das ausforschen zu können, was mit lichtabgewandten und lebensverneinenden Gedanken im Zusammenhang steht. Dazu zählt alles, was im Umgang mit dem Nächsten nicht im Zeichen der Liebe, Güte und Barmherzigkeit vollzogen werden konnte und was den kosmischen Gesetzen des Lebens widerspricht und damit ein Vergehen gegen die Schöpfung darstellt.

Liebe, Güte und Barmherzigkeit sowie Hochachtung vor dem Leben und seinen Gesetzen – das sind die vorgegebenen Richtlinien, die im Rahmen des freien Willens und im Zeichen des Lichtes abgesteckt wurden, um eine Ordnung festzulegen, nach der gehandelt werden muß, um das ganze System des Universums zu gewährleisten.

Jedes einzelne Glied dieser universalen Kette unterliegt den Richtlinien der kosmischen Ordnung und ihren vorgegebenen Grundsätzen. Das können wir am Lauf der Planeten ebenso beobachten wie am Fluß der Lebensenergie, die nach einem vorgezeichneten Plan ihre Bahnen durch den Organismus zieht. Alles untersteht einer gesetzmäßigen Ordnung und ist damit als Teil des Ganzen anerkannt und in den Verbund eingegliedert, der Leben bedeutet.

Hier liegt der Schlüssel zum Verstehen dieses Göttlichen Grundgedankens, der sich in der Schöpfung manifestiert hat. Es ist LEBEN, das an die erste Stelle gesetzt wurde und das die auslösende Kraft all dessen verkörpert, was wir mit unserem freien Willen bewerkstelligen können. Deshalb ist es uns auch möglich, Vergehen gegen diesen Grundgedanken Gottes auszumerzen und mit dem Licht des Lebens zu ersetzen, um im Körperlichen damit etwas zu bewirken, was wir hier als die

„Macht der Lebenskraft" bezeichnen wollen. Sie wohnt jedem von uns inne und sie gilt es zu mobilisieren, um damit neues Leben zu erschaffen und auf diese Weise ein körperliches Gebrechen aufzulösen und mit Lichtenergien in lebensbejahende Strukturen umzuwandeln, die vollkommenes Heilsein in sich tragen.

Aus diesem Aspekt heraus ist es auch verständlich, daß es in unserer Macht liegt, wie wir unsere Lebensbewältigung vollziehen wollen und welche Vorteile uns daraus erwachsen, wenn wir uns bewußt darum bemühen, unseren machtvollen Geist der kosmischen Ordnung entsprechend zu manifestieren und mit Licht das auszudrücken, was unser wahres Anliegen ist, nämlich ewiges LEBEN im Sinne unserer unsterblichen Seele und im Namen und Auftrag des Schöpfers, der uns dafür geschaffen hat, unendliche Glückseligkeit zu erfahren.

☆

Im Herzen eines Menschen, der sich dem Licht entgegenstreckt, ist es immer hell und warm, weil er sich mit nährenden Energien erfüllt, die im Leuchten der Farbstrahlen zum Ausdruck kommen und die dazu imstande sind, alle Mangelerscheinungen und Bedürfnisse auszugleichen und restlos zu stillen.

Im Erfassen dieser Worte liegt ebenfalls ein großes Geschenk verborgen, das sich demjenigen präsentiert, der in sich die Sehnsucht trägt, im Zeichen des Lichtes seine Mängel ausgleichen und beheben zu wollen, um auf diese Art zu anderen Gefühlsempfindungen zu gelangen und dadurch neue Kraft und Auftrieb zu gewinnen.

Es liegt durchaus im Machbaren, daß sich eine Situation, die sich als starke Belastung herausstellt, unverzüglich umwandelt und entspannt, wenn es einem möglich ist, sich davon innerlich zu distanzieren und neue Denkmuster zu kreieren, die sich im Licht bewegen und auf ihre Weise Energien aufbauen, die transformierend und bereinigend wirken.

An diesem Beispiel ist deutlich gemacht, daß es immer wieder auf uns selbst ankommt und auf die Art, wie wir eine Klärung in Gang setzen und welche Vorteile uns daraus zurückfließen.

Das ist immer wieder ein kleiner Sieg, den es dann zu feiern gilt, wenn es einem wieder einmal gelungen ist, seelisch belastende Gegebenheiten mit Licht aufzulösen und in ihr Gegenteil umzuwandeln, was dann als Segen überreichlich auf uns selbst zurückfällt. Es ist nämlich immer so, daß eine unliebsame Erfahrung stets auch einen Kern von positiven Energien in sich beinhaltet, wenn man bemüht ist, diese Situation mit Licht zu bereinigen und geistig mit den Farben zu erfüllen, die dafür nötig sind, um eine Bereinigung und eine bewußte Auflösung negativer Schwingungen vorzunehmen. Danach bleibt stets etwas zurück, was man als persönlichen Vorteil bewerten kann und was einem dazu verhilft, weiterzukommen und Erkenntnisse mitzunehmen, die von großem Nutzen sind.

Aus einem solchermaßen gewonnenen Erfahrungsschatz kann man in Notsituationen immer zehren und gewinnt daraus noch zusätzlich viele Lebensweisheiten, die einem Zuversicht und Gelassenheit vermitteln können, weil sie sich als Halt erweisen, den man verstärkt gewinnen konnte. Daran erkennen wir, daß es notwendig ist, aus mißlichen Umständen zu lernen und Erfahrungen zu gewinnen, um so immer sicherer und selbstbewußter seinem Leben begegnen zu können.

In dieser Aufzeichnung liegt aber auch noch eine ganz andere Art von Gnade, die uns aus einem bewußt zum Licht gebrachten Vorgang erwachsen kann, denn damit ist es außerdem noch möglich, im Energiefeld anderer Personen, die daran unmittelbar oder im weiteren Sinn beteiligt sind, eine Umwandlung von Turbulenzen zu bewirken. Das gereicht diesen wiederum zum Segen und Vorteil und hilft ihnen so aus einem Denkmuster heraus, das sie in die verkehrte Richtung geführt hat und von dem sie sich durch den äußeren Einfluß von Licht nun lösen können im Erkennen, daß das nicht der richtige Weg gewesen ist, den sie zuvor gewählt hatten.

Es ist also stets mit einem Geben und Nehmen verbunden, wenn wir uns bewußt mit der Macht des Lichtes verbünden, um daraus eine Umwandlung zu erfahren, die dorthin führt, wo die Lebensgesetze liegen und wo eine reiche Fülle von Geschenken vorhanden ist, die einem zum Wohl und zur Freude gereichen können. Darin befindet sich eine Ermunterung, die uns dazu den Anstoß gibt, als Lichtträger dienen und wirken zu wollen, um aus diesem Bestreben heraus selbst in einem Lichtkreis stehen zu dürfen, der sich als Lebensgrundlage von ganz besonderer Qualität anbietet.

Hier steht nämlich das Leben selbst im Vordergrund und verkörpert eine solide Basis, die einem alles bieten kann, was von Bedeutung ist, um seinem Wirken gemäß von geistigen Energieformen gesegnet und unterstützt zu sein, die sich dem Licht verpflichtet fühlen und diesem dienen wollen.

Ein Mensch, der in einem solchen Lichtkreis steht und diesen bewußt immer mehr verstärkt und vergrößert, gleicht damit einem Planeten am Firmament, der in seiner Leuchtkraft weithin zu sehen ist und beachtet wird. Es ist dann so, als kämen andere Lichtwesen hinzu, um ihm ihre Bewunderung zu zollen und um mit diesen aufbauenden Energien noch mehr Leuchtkraft zu vermitteln, wodurch diese noch zusätzlich verstärkt wird.

Doch auch umgekehrt läßt sich dieser Vergleich sehr bildhaft ausdrücken: Ein Mensch in seinem Lichtkreis gleicht einem leuchtenden Stern, der von anderen Ebenen aus immer besser bemerkt und beobachtet werden kann, je strahlender und glanzvoller sein Kraftfeld um ihn herum wird und je mehr Lichtenergie ihn durchflutet. Nun gerät er immer mehr in den Mittelpunkt der allgemeinen Bewunderung, Wertschätzung und Anerkennung höherer Lebensformen, die sich ihrerseits dem Licht verbunden fühlen und dieses irdische Leuchten nun mit ihren spirituellen Kräften unterstützen und fördern, um es damit noch glanzvoller und strahlender werden zu lassen.

Hier lüftet sich wieder einmal ein Schleier zwischen diesseitiger und jenseitiger Daseinsebene, und wir erkennen daran auch die unmittelbare Zusammengehörigkeit im kosmischen Gefüge des Großen, Ganzen und ebenso die Resonanzfähigkeit, die oben und unten miteinander vereint.

Ein großes Wort liegt hier vor uns – ein Wort, das des Glaubens bedarf, da es mit dem bloßen Verstand allein nicht zu erfassen ist. Doch auch hier gilt es, wie bei allem, was an einen herangetragen wird und mit dem man sich unvermittelt konfrontiert sieht, erst einmal den Verstand abzuschalten und dann in seinem Inneren danach zu forschen, wie dieser neue Eindruck dort bewertet wird und welches Echo zurückkommt, wenn die innere Stimme des Herzens dazu Stellung nimmt.

Es kommt also bei allen neuen Erkenntnissen, die man gewinnt, in erster Linie darauf an, daß dieses Gedankengut im Inneren eine Anerkennung findet und nicht abgelehnt oder als unglaubwürdig abgetan wird. Wir tragen diesen feinen Raster in uns, und er ermöglicht es uns, die Spreu vom Weizen trennen zu können und das für uns Richtige, Wahre zurückzubehalten und von Innen her bestätigt zu bekommen.

Das sollte gerade in diesem Buch als eine allgemein gültige und sehr wichtige Aufforderung verstanden werden, die an alle Leser gerichtet ist und die lautet: Diese Worte hier sind aus einer Quelle herabgeflossen, die geistigen Ursprungs ist und die deshalb mit dem analytisch-logischen Verstand allein nicht begriffen werden können. Deshalb ist es erforderlich, all das, was einem hier entgegengebracht wird, in sein Herz einfließen zu lassen, um es dort zu prüfen und für wahr zu befinden. Erst dann ist der Inhalt dieses Buches dazu imstande, eine umfassende Lebensreform einzuleiten, die für jeden, der sich diesem Wissen öffnen kann, eine Bereicherung und eine grundsätzliche Lebenshilfe bereit hält, die den Weg zum Licht effektiver, gezielter und wirkungsvoller gestalten kann.

Die Voraussetzung dafür ist jedoch die innere Bereitschaft, diese hier aufgezeichnete, geistige Hilfe annehmen zu wollen, um aus freiem Entschluß heraus und mit dem Willen einer Seele, die sich dem Licht entgegensehnt, etwas bewältigen zu können, was als Gnade zu betrachten ist und auch als Beschleunigung eines Prozesses, der sich im Zeichen der Evolution vollzieht und der sich damit entscheidend verkürzen läßt.

Ein zweiter, sehr wichtiger Hinweis sei hier auch noch hinzugefügt: Das Lesen dieses Buches führt nicht nur zu einem erweiterten Horizont, die geistigen Lebensgesetze und ihre Grundlagen betreffend, sondern es erwächst daraus auch jedem einzelnen eine verstärkte Verantwortlichkeit für das eigenen Weiterkommen, weil ein gewonnenes Wissen, das man als Wissender brachliegen läßt, dazu führt, daß die Beurteilung für dieses irdische Leben dereinst mit anderen Maßstäben gemessen wird und härter ausfällt, als dies bei einem Unwissenden der Fall wäre.

Ein erhaltenes Wissen gilt als eine karmische Unterstützung und als eine Wegzehrung, um etwas besser und erfolgreicher bewältigen zu können, als es ohne dieses möglich gewesen wäre. Deshalb wird es auch anders bewertet, wenn eine solche Vergünstigung achtlos beiseite gelegt und nicht genutzt wurde. Das ist der tiefe Sinn, der hinter diesem Hinweis steht.

Nun wollen wir uns noch einmal darauf besinnen, daß Erzengel Uriel in seinem rubinrotgoldenen Lichtreich stets dazu bereit und in der Lage ist, uns mit Hilfe zu unterstützen, die sich darauf beziehen, mehr Freude, Aktivität und Fülle in unser Leben zu bringen, um darin die große Gnade eines gütigen Schöpfers zu erblicken, zu dem wir in inniger Dankbarkeit unser Herz erheben und ein Gebet sprechen, weil wir aus einem glücklichen, lebensbejahenden Gemüt heraus das Bedürfnis danach verspüren und es aus diesem Grunde darbringen wollen.

Nicht aus einem Gefühl der eigenen Unzulänglichkeit und der Bedürftigkeit heraus, weil das Energieformationen sind, die keine Lichtkraft in sich tragen und die damit ihre eigene Göttlichkeit verleugnen.

Ein Gebet zur Ehre und zum Ruhme Gottes ist nur dann vollendet, wenn es die Lichtkraft der Freude, der Zufriedenheit und der Dankbarkeit in sich vereint und damit zu einem Lobgesang wird, der die Größe des Schöpfers rühmt und SEINE unendliche Liebe und Güte preist.

Erzengel Zadkiel

Im Hoheitsbereich der violetten Flamme dient Erzengel Zadkiel mit den Heerscharen des Lichtes, die sich in den Dienst dieser Göttlichen Reinigungskraft gestellt haben, um damit aufzulösen und umzuwandeln, was nicht den Gesetzen des kosmischen Universalprinzips entsprechend ist. In diesen hohen Gefilden des Lichtes herrscht immer reges Treiben im Bemühen um die einzig wahre Göttliche Ordnung, die durch die Kraft der violetten Flamme verteidigt, geschützt und untermauert wird.

Hier finden wir die Ebene, die in sich den Segen und die Göttliche Gnade beinhaltet, die uns zur Verfügung stehen, um alte Schuld, Vergehen gegen die Gesetze des Lebens sowie Verneinung des Lebensprinzips ausgleichen zu können und mit lichten Energien zu ersetzen, die in sich die Gnade der Vergebung, der Bereinigung und der vollkommenen Tilgung beinhalten und die das damit bewirken können.

In einem solchen Geschehen liegt aber auch gleichzeitig die Loslösung von den alten Schatten, die lebensverneinende Kräfte in sich bergen und die damit ausgemerzt werden können, um dem Licht vermehrten Zugang zu gewähren. Darin erkennen wir die große Gnade der Vergebung ebenso wie die Transformation eines destruktiven Gedankengutes, das sich schließlich als eine erneuerte, vergeistigte Formation dem Licht entgegengewandt hat.

In dieser klärenden Vergeistigung eines negativen Vergehens gegen die Gesetze des Kosmos liegt jedoch auch noch eine weitaus höhere Bedeutung, die sich darin verdeutlicht, daß eine Bereinigung auf geistiger Ebene auch als eine Art von Wiedergeburt zu betrachten ist, die neue Vorzeichen und Bedingungen mit sich bringt, so wie es zuvor nie möglich gewesen wäre. Der tiefere Sinn liegt darin, daß durch diesen Vorgang karmische Substanz vergeistigt und somit befreit werden kann. Dementsprechend verdeutlicht sich hier auch eine Absolution von karmischer Schuld, die sich auf diese Weise begleichen läßt.

Die tiefgründige Bedeutung der violetten Flamme liegt in ihrer außerordentlichen Reinigungs- und Transformationskraft, die sich hier als eine Göttliche Gnade darstellt. Wir dürfen uns ihr immer wieder nähern, wenn wir den Wunsch dazu verspüren, unser Leben von etwas zu befreien, das als unnötiger Ballast daran festhängt, es dadurch beschwert und nach unten zieht, anstatt nach oben hin, dem Licht entgegen.

Das läßt den Vergleich mit einem Ballonfahrer zu, der sich in die Lüfte schwingt und dabei immer mehr an Gewicht abwerfen muß, je höher er hinaufgelangen möchte. So ergeht es auch uns, die wir Suchende auf dem Weg zum Licht sind und die wir unsere Reise so gut wie möglich gestalten wollen.

Im Zeichen der violetten Flamme ist es für uns möglich, Geschehnisse, die uns schwer bedrücken und stark bewegen, in Licht umzuwandeln und damit aufzulösen, um davon befreit höher hinaufkommen zu können auf unserem vorgezeichneten Pfad des Lebens. Dieses Wort „vorgezeichnet“ bedarf hier einer näheren Erläuterung, die im Erkennen der wahren Bedeutung des freien Willens einerseits und der schicksalsbedingten Vorsehung andererseits liegt, der wir uns unterordnen müssen.

Die beiden Begriffe „freier Wille“ und „schicksalsbedingte Vorsehung“ scheinen auf den ersten Blick in einem krassen Widerspruch zueinander zu stehen. Doch bei genauerer Betrachtung erkennen wir dahinter sehr deutlich die ordnende Hand eines gütigen Schöpfers, der sich in vollkommener Gerechtigkeit eines Systems bedient, das darin liegt, daß ein jeder die ihm entsprechenden Bedingungen vorfinden kann, um darauf aufbauen und weiterkommen zu können oder aber daran zu scheitern, gemäß der ursprünglich ausgelösten Energie, die sich aus dem freien Willen hergeleitet und manifestiert hat und der nun eine Bereinigung und Erlösung gewährt werden kann, wenn man sich demütig davor beugt und diese negativen Energieformationen mit der Lichtkraft der violetten Flamme umpolt.

Aus einem solchen Geschehen fließt zweierlei in unser Dasein: erstens die Kraft der Erkenntnis, die sich darauf bezieht, Gegebenheiten, die einem vom Schicksal entgegengebracht werden, als gottgewollt und demgemäß auch als notwendige Voraussetzung dafür zu respektieren, auf diese Weise etwas bereinigen und klären zu können, das dessen bedarf und dem wir auf anderen Wegen nicht hätten näherkommen können, außer eben durch diese Vorkehrung des Schicksals, die unmittelbar dahintersteht und die deshalb als Segen betrachtet werden sollte.

Darin verdeutlicht sich die Geisteshaltung, die wir als „Demut" bezeichnen und die das ausdrückt, was mit dem bewußten Annehmen des Göttlichen Planes gemeint ist, der sich in einer außerordentlichen Klarheit, Wahrheit und Ordnung darum bemüht, auszugleichen und zu bereinigen, was einer Klärung bedarf, um dann schließlich und endlich das loslassen zu können, was nicht mehr vonnöten ist.

In diesem Reinigungsprozeß liegt für eine Seele unendliche Kraft und ein gewaltiger Auftrieb, weil sie sich dadurch von alten Lasten befreit sieht und neue Chancen und Möglichkeiten gewonnen hat, die für ihre spirituelle Weiterentwicklung sehr förderlich sind. Im großen System der Weltordnung ist es vorgesehen, unnötige Lasten loswerden zu können, wenn man bewußt danach strebt, eine bereinigende und auflösende Klärung vorzunehmen, die sich im Violett des kosmischen Urlichtes widerspiegelt und die damit auf vollkommene Art und Weise vollzogen werden kann.

☆

Ein Dasein im Zeichen des Lichtes ist stets auch ein demütiges Annehmen von schicksalsbedingten Situationen, die sich auf die verschiedensten Gebiete erstrecken können und die nicht immer nur mit Leid, Not und Entbehrung im Zusammenhang stehen müssen, sondern mitunter auch mit unverhofftem Glück, oder einem günstigen „Zufall", der sich jedoch ebenfalls als ein Prüfstein darstellen kann und daher stets mit besonderer Sorgfalt und Achtsamkeit in Empfang genommen werden sollte.

In einem überschwenglichen Glücksmoment ist man nämlich vielfach nicht dazu in der Lage, die Ernsthaftigkeit zu erfassen, die sich dahinter verbergen kann. Deshalb sei hier noch einmal ganz eindringlich darauf hingewiesen, daß jede Art von „Zufall“, sei er nun günstig und glückverheißend, oder unerwünscht und mit Enttäuschungen verbunden, stets als etwas zu betrachten ist, das sich aus dem kosmischen Geschehen herleitet, in dem die Göttliche Ordnung im Zusammenspiel mit der Göttlichen Gerechtigkeit in vollkommener Art und Weise am Wirken ist.

Eine unter diesem Aspekt gewonnene Einstellung gegenüber schicksalsbedingten Geschehnissen bedeutet daher stets auch eine große Erleichterung und Bereicherung in solchen Momenten, die unvorhergesehen auf einen zukommen und daher nicht wohl überlegt werden können, weil die Gefühle des Augenblicks die geistigen Kräfte übertrumpfen und auf diese Weise sachliche Überlegungen ausschalten, die ansonsten vom Verstand her getroffen worden wären.

Deshalb ist dieser Hinweis von so großer Bedeutung, weil hier dargelegt ist, wie wesentlich es im Alltagsgeschehen darauf ankommt, eine Position zu beziehen, die sich im wohldosierten Mittelmaß zwischen Verstandes- und Gefühlsäußerungen befindet. So verliert man nicht die Kontrolle über eine unvorhergesehene Begebenheit im Leben und verbleibt in einem inneren Gleichgewicht, was dazu führt, die Ruder in der Hand zu behalten und sich keiner Irrfahrt mit dem Lebensschiff auszusetzen, das sich im tobenden Meer der Gefühle nicht mehr zurechtfinden kann.

Im Annehmen einer Lebenssituation liegt Demut und das Wissen um die Göttliche Führung, die sich in allem und jedem äußert, was uns begegnet und womit wir konfrontiert werden, um daraus etwas zu gestalten, das unserem Lebenszweck entsprechend ist. Im Verlauf eines irdischen Daseins kommt es immer wieder zu spannungsreichen, umwälzenden Situationen, die deshalb notwendig sind, weil sich darin Bewegung befindet, ohne die ein Fortschritt nicht möglich wäre.

Hochstimmungen und Tiefschläge wechseln einander ab, um so einen Bewegungsablauf in das Dasein zu bringen, der dem Rhythmus der Seelenschwingungen entspricht und der dazu animiert, in einem schwingungsgleichen Takt in Lebenssituationen einschwenken zu können, die dazu eine Entsprechung haben und die sich sowohl in Dur als auch in Moll abspielen, genau so, wie es erforderlich ist.

In den Stimmungsschwankungen kommt es stets deutlich zum Ausdruck, daß etwas in Bewegung gekommen ist und sich verändern möchte, um neuen Ansprüchen und Erfordernissen gerecht werden zu können. Darin liegt auch die Bedeutung für eine erfolgreiche Bewältigung solcher Emotionen in Form harmonischer, dem Takt gemäßen Melodien, die einem daraus zufließen.

Die Farben des Lichtes stehen nämlich im engen Kontakt mit den Klangstrukturen, woraus ersichtlich wird, daß sowohl Farben als auch Klänge unmittelbar auf ein geistig-körperliches System einwirken, um es so umzuwandeln, wie es im Hinblick auf die seelische Vervollkommnung erforderlich ist und wodurch ein Schwingungsmuster ausgelöst wird, das als hilfreiche Unterstützung dafür zur Verfügung steht.

Dieser Satz bedarf einer näheren Erläuterung und deshalb ist es sinnvoll, das eben Gesagte in ein Bild zu kleiden, damit es auf diese Weise besser verstanden werden kann: Angenommen, jemand malt ein Gemälde und konzentriert sich dabei darauf, Farben zu verwenden, die ganz genau auf die Umgebung abgestimmt sind, in der das Kunstwerk seinen Platz finden soll. Dieses farbige Umfeld wirkt nun seinerseits auf die Farbkomposition des Bildes und verstärkt sie damit noch um ein Vielfaches, was sich in Form von feinstofflichen Schwingungselementen ausdrückt, die sowohl die Farben des Bildes, als auch die des Raumes in sich vereinigen und so zu einer Energiefrequenz anwachsen, die in viel höheren Oktaven schwingt, als ursprünglich, bevor Bild und Raum aufeinander einwirken konnten.

Nun stehen wir hier vor einem schwingenden Energiefeld, das eine ganze Menge von Frequenzen in sich vereinigt und das sich deshalb ausdehnt, um eine größere Fläche einzunehmen. Dieser beanspruchte Raum erstreckt sich nun in andere Wellenbereiche und ist damit auf eine höhere Ebene getreten, die anders geartet und noch feiner abgestimmt ist, als die ursprüngliche.

Hier verfeinern sich die schwingungsgeladenen Farbstrukturen zunehmend, da ihr Energiepotential verstärkt worden ist. Auf diese Weise wird ihre Frequenz immer mehr angehoben und ausgedehnt und erreicht schließlich eine Ebene, auf der die Klangstrukturen beheimatet sind. Diese treten nun ihrerseits mit den feinschwingenden Farbpotenzen in Kontakt und gehen mit diesen eine enge Verbindung ein, gemäß der Ausstrahlung, die Farben und Klänge aufeinander ausüben.

Darin verdeutlicht sich eine Anziehungskraft, die wiederum etwas mit Magnetismus zu tun hat, der eine sehr einflußreiche Rolle in der Atmosphäre spielt, da er die anziehende Kraft des Universums verkörpert, die sich als zusammenhaltendes Potential eines Großen, Ganzen darstellt. Wir sehen hier auch sehr eindrucksvoll die Größenordnung, die dahintersteht und die uns Menschen miteinbezieht, weil wir eine Unsterblichkeit verkörpern und damit ebenso ein Teil des Großen, Ganzen sind.

Zurückkommend auf unseren bildlichen Vergleich und der daraus resultierenden Resonanz zwischen den Farben des Gemäldes und denen des Umfeldes, wollen wir uns noch einmal vor Augen führen, daß es einen ganz unmittelbaren Zusammenhang zwischen den auslösenden Energien und dem daraus resultierenden Echo gibt, das sich in Tonschwingungen äußert, die dem ursprünglichen Ausgangspotential entsprechen.

Als Quintessenz können wir daraus folgendes gewinnen: Wenn wir darum bemüht sind, unsere jeweiligen Stimmungen mit Farbschwingungen zu untermalen und sie damit zu unterstützen, dann ergibt sich daraus eine Frequenzanhebung, die in höhere Bereiche hinaufschwingt und die dort das entsprechende Dual anzieht und sich mit diesem zusammenschließt.

Daraus erschallt eine kosmische Melodie harmonischer Farbklänge, die in unser feinstoffliches System herabschwingt und die sich ihren Weg durch unseren Ätherkörper in die Energiezentren unseres physischen Körpers bahnt. Dort verfestigt sie sich wieder und manifestiert sich in dem Bereich, der mit der jeweiligen Farbe in Verbindung steht, wodurch Gesundheit, Wohlbefinden und Lebensfreude aktiviert und vermehrt werden.

Die umgekehrte Reihenfolge würde hingegen folgendermaßen aussehen: Jemand fühlt sich mißmutig, depressiv und leidend und gibt diesem Umstand noch zusätzliche, negative Energien, indem er ihn mit Worten und Taten untermauert, die destruktiv und lebensverneinend sind. Dazu gehören auch Süchte und schlechte Gewohnheiten, mit denen man sich in einer Situation zu betäuben versucht, damit man ihr nicht direkt ins Auge blicken muß.

Darin liegt jedoch noch eine zusätzliche Erschwernis, die sich im Aufgeben der Selbstverantwortung ausdrückt, wie es einem solchen Verhalten stets zugrunde liegt. In einem diesbezüglichen Geschehen verdichten sich die dunkelbeladenen Energien immer mehr und sinken dabei, der Schwerkraft folgend, nach unten. Dort verbinden sie sich mit gleichgestimmten Energieformationen und erzeugen mit diesen zusammen mißklingende, verzerrte Dissonanzen, die das Licht vermissen lassen und voll von Disharmonie sind.

Nun wirken aber auch diese Energieformationen, der Anziehungskraft des Absenders entsprechend, auf diesen zurück und verstärken seine negative Stimmung noch mehr.

Hier verdeutlich sich wieder die Kraft des Lichtes und die unbeschreibliche Hilfe der Farbschwingungen. Wir können uns nun auch sehr gut vorstellen, was es für uns bedeutet, einen Zustand, in dem wir uns nicht wohl und zufrieden fühlen, mit unserem Willen und mit der hilfreichen Kraft der violetten Flamme in lichterfüllte Schwingungsmuster umzuwandeln, die im kosmischen Raum noch eine zusätzliche Verstärkung in der Welt der Töne finden, um mit einer verfeinerten Qualität wieder zurückzufallen und in unseren feinstofflichen und körperlichen Bereich einzudringen, über den wir diese überirdische Mitteilung empfangen und speichern können. Daraus können wir noch mehr Kraft, Freude und weitere Loslösungen von karmischen Verknüpfungen erlangen, was sich wiederum segensreich auf die Entfaltung unserer Seele auswirkt und auf die Lichtschwingungen, die sie auf diese Weise immer mehr aufnimmt und vergeistigt.

☆

Es liegt an jedem selbst, wie er sich mit diesem Wissen auseinandersetzt und welche Erkenntnisse er daraus gewinnt, um sein Dasein mit Lichtenergien zu erfüllen und damit eine Verwirklichung seines Seelenplanes zu erlangen.

In diesem Satz liegt ein deutlicher Hinweis, aber auch eine liebevolle Aufforderung, Dingen, die uns widerfahren, ganz konkret auf den Grund zu gehen, um daraus die Erkenntnis zu gewinnen, was dahintersteht und welche Weisung darin enthalten ist. Deshalb wollen wir hier noch einmal darauf hinweisen, daß es für jeden einzelnen Menschen ganz entscheidend ist, *wie* er eine Situation, die ihm begegnet, beurteilt und welche Schlüsse er daraus im Hinblick auf sein Dasein zieht.

Wir haben schon davon gesprochen, daß nichts ohne Grund und ohne tieferen Sinn geschieht und daß wir keine Resonanz auf etwas ausüben können, zu dem wir keine innere Verbindung haben. Deshalb ist es angebracht, einmal genauer darüber nachzudenken, was hinter einer Begebenheit verborgen sein könnte und welche Botschaft für uns damit verbunden ist, um daraus eine Erklärung zu gewinnen, die uns zu unserem wahren Selbst und damit zum Sitz unserer Seele führt.

Dort ist alles gesammelt und gebündelt, was sich in vielen Inkarnationen zusammengefunden hat, und deshalb ist es notwendig, an diese Quelle heranzutreten, wenn man sich um Hilfestellungen bemüht, die aus dem Kern unseres Inneren kommen, da die Wahrheit nur dort zu finden ist.

In einem solchen Geschehen liegt jedoch auch noch etwas anderes, sehr Wesentliches: die klare, lautere Absicht einer Persönlichkeit, die in ihrem Innersten darum bemüht ist, dem Licht entgegenzustreben und dieses in sich zu verstärken. Dahinter steht der deutliche Ausdruck des freien Willens, der sich damit zu Wort meldet und etwas begreifen und begradigen möchte, was sich seiner Kenntnis entzieht und das deshalb dort ausgeforscht werden muß, wo die Wahrheit verankert ist.

Im Hinblick auf die eigene Entwicklung ist dieses Vorgehen sehr wesentlich, weil es dazu führt, immer mehr den Überblick darüber zu gewinnen, was in einem Leben anliegt und wozu man berufen und aufgefordert ist, um dem Sinn des Daseins vollkommen gerecht werden zu können.

In der Hinwendung an den innersten Wesenskern liegt jedoch auch noch eine andere Variante an Hilfen, die sich daraus ergeben können. Diese verdeutlichen sich darin, daß ein Mensch, der sich mit seinem Wesenskern in inniger Verbundenheit befindet, stets von dort auch die notwendigen Inspirationen bekommt, um sein Dasein in eine Form zu bringen, die ihm entsprechend ist und woraus er die Fülle und das Glück gewinnen kann, nach dem er sich sehnt.

In dieser Betrachtung verdeutlicht sich ein doppelter Vorteil: Dieser bezieht sich darauf, daß wir im Hinwenden an unser Innerstes – an unseren Wesenskern – eine Quelle der Wahrheit und Klarheit vorfinden, mit deren Hilfe wir alle Lebensumstände, die uns aus dem Gleichgewicht zu bringen drohen, viel besser abklären und bewältigen können, weil wir dafür die hilfreichen Impulse einer starken, alten Seele zur Verfügung haben, die uns innewohnt und sich dort in unserem Inneren, außerhalb von Raum und Zeit, einen Platz gesichert hat, der ihrer Reife, ihren Erfahrungen und ihren Erkenntnissen ganz genau angemessen ist.

Die Seele entspricht einem geistigen Potential an Energiefrequenzen, die sich ihrer Qualität gemäß ausbreiten und die ihrerseits energieauslösende Impulse aussenden, die uns als irdisches Pendant zufließen, unterstützen und stärken.

Von dieser hohen Warte aus ist die Kraft und Macht einer Seele bisher noch nie betrachtet und beschrieben worden, deshalb soll noch eine nähere Erklärung hinzugefügt werden, damit es besser verständlich ist, was hier zum Ausdruck gebracht wird.

Wir Menschen sind beseelt von einer Energiefrequenz, die sich in unerdenklich langen Zeiträumen entwickelt und emporgeschwungen hat, um Lichtenergien zu speichern und auszudrücken und um damit einer ihr adäquaten Bestimmung zu entsprechen.

Im Laufe dieser vielen, vielen Entwicklungsperioden hat sich die Seele immer mehr vergeistigt, das heißt, mit spirituellen Kräften angereichert, die ihr Kapital ausmachen, das sie immer und ewig beibehält, da es ihr ureigenster Verdienst ist, den sie sich damit erwerben konnte. In unzähligen Inkarnationen hat sie sich wiederverkörpert und mit einem stofflichen Gewand umkleidet, um in dieser Form eine weitere Entwicklungsstufe zu durchleben, die ihr dann die Möglichkeit verschaffen sollte, Fortschritte zu erzielen um höher hinaufgelangen zu können – ein Ziel, das sie stets vor Augen hat und das sie aus einem starken, inneren Bestreben heraus erreichen möchte.

Die irdische Verkörperung, die der Materie entspricht, ist demnach eine Hülle für die geistige Kraft, die in sich das Göttliche Licht des ewigen Lebens trägt und die sich dem „Ewigen Licht“ erneut zuwenden möchte, um an den Kern ihrer ursprünglichen Schöpfung wieder heranzukommen. Die Seele bezeugt den wahren Wert und die ewige Bedeutung eines Menschen, der sich im Irdischen befindet, um seinem Ursprung erneut entgegenwachsen zu können und um dann eine Wiederverkörperung endlich abzuschließen und zu beenden, da das Ziel erreicht werden konnte.

Eine solche Darlegung bedeutet für uns allerdings auch eine etwaige Umorientierung und eine Neugestaltung unserer Lebensprinzipien und ihrer Wertigkeit in bezug auf die geistige Kraft, die daraus gewonnen wurde, und auf das Licht, das hinter allem steht und das den vorrangigsten Platz einnimmt.

Die Meßskala wird stets nur dann ein Plus verzeichnen, wenn Lichtenergie aufgenommen und gespeichert werden konnte, und diese ist einzig und allein nur durch die Erfüllung der Göttlichen Tugenden und der Achtung dem Leben und seinen Gesetzen gegenüber zu gewinnen. So einfach das klingen mag, so schwierig ist es dieses umzusetzen weil hier eine Ebene dazwischengeschaltet wurde, die materiellen Ursprungs ist und die den geistigen Welten diametral gegenüberliegt.

Das ist ein reines Paradoxon, das eine totale Gegensätzlichkeit aufweist und das dementsprechend kompliziert zu handhaben ist, wenn man dieses rein analytisch und vom bloßen Verstand her zu begreifen versucht, weil sich hier zwei Ebenen gegenüberstehen, die scheinbar nicht miteinander zu vereinbaren sind, jedoch in Wahrheit zwei Teile eines Ganzen darstellen und deshalb unmittelbar ineinandergreifen.

Hier veranschaulicht sich nämlich die Eingliederung in einen Prozeß, der geistiger Natur ist und der dazu dient, ewiges Einssein mit dem Großen, Ganzen wieder zurückerlangen zu können, wonach sich der spirituelle Teil von uns – unsere Seele – innig sehnt, was jedoch vom irdischen Standpunkt aus nicht unbedingt begreiflich ist, weil das auf einer anderen Ebene liegt und deshalb keine logische Erklärung findet.

Daraus ergeben sich vielerlei Ungereimtheiten und Differenzen zwischen dem nüchternen Verstand und dem Glauben, der aus einer inneren Quelle zufließt, die dafür stark genug sein muß, um ihr geistiges Gut in eine irdisch faßbare Form bringen zu können. Deshalb gibt es unter den Menschen auch so viele Glaubensrichtungen und geteilte Meinungen, weil es sich hier um ganz verschieden geartete Seelen handelt, die in ihrem Erfahrungsstand unterschiedlich hoch entwickelt sind und denen es daher mehr oder weniger schwer fällt, etwas begreifen und nachvollziehen zu können und ihm ihre Anerkennung zu zollen.

In dieser Darlegung finden wir auch die einleuchtende Erklärung dafür, warum man sich manchen Dingen sofort und vorbehaltlos öffnen kann und vor anderen eine innere Scheu oder sogar Abneigung dagegen empfindet.

Es ist die deutliche Sprache der Seele, die sich dahinter verbirgt und die uns sehr klar zu verstehen gibt, was ihrem Entwicklungsstand entspricht und womit sie sich keinesfalls abfinden kann, weil sie die Einsicht dafür noch nicht erworben hat. Deshalb ist es auch notwendig, mit Konfrontationen, die an einen herangetragen werden, an den Kern seines Wesens – an die Seele – heranzutreten, um ihr die Beurteilung dieser Situation zu überlassen und gleichzeitig auch die Verantwortung, die damit stets verbunden ist.

Sie besitzt die Kraft, die Macht und die Weisheit, um das Urteil zu fällen und ihre Hilfestellung danach auszurichten, die sie durch die innere Stimme des Herzens deutlich kundtut. Dabei kommt es jedoch immer ganz entscheidend darauf an, in seinem Geist keine Barriere aufzubauen und die analytische Logik auszuschalten, weil sich daraus Verfälschungen der ursprünglichen Mitteilung ergeben können oder auch eine Unterdrückung derselben.

Es ist dabei sehr wesentlich, stets seine inneren Kräfte zu mobilisieren, um mit der Führung aus dem spirituellen Bereich des Lichtes an seine eigene, innere Schatzkammer heranzutreten und um dort die Schätze zu bergen, die am Grund der Seele angesammelt sind und die einem großzügig zur Verfügung stehen, wenn man sich dieses Weges bewußt ist und ihn wählt.

Hier ist wiederum der Hinweis entscheidend, daß es in unserer eigenen Macht liegt, das in dieser Form anzunehmen und zu befolgen oder aber davon Abstand zu nehmen, weil von innen her kein Echo darauf wahrzunehmen ist. Dabei ist es nicht vordergründig von Bedeutung, ob dies sofort geschieht oder ob eine weitere Phase der Erkenntnis dafür notwendig ist, um eine Resonanz zu diesen spirituellen Erkenntnissen herstellen zu können. Wichtig ist nur, daß man erkennen kann, wie großartig die Macht des Lichtes und die Kraft der Farbenergien ist, die daraus resultieren und die uns in einer unermeßlichen Fülle zur Verfügung stehen, wenn wir uns im Einvernehmen mit unserer Seele dann dazu bereit finden, dieses überirdische Angebot zu nutzen und daraus unseren Vorteil zu gewinnen.

Es ist legitim, etwas nicht zu vollziehen, was man nicht anerkennen kann, aber es ist ein fataler Irrtum, es nicht zu tun, weil man ihm zu wenig Beachtung und Wichtigkeit beimißt und es deshalb vernachlässigt und brachliegen läßt.

Daran sollten wir stets denken, wenn uns irgend etwas entgegengebracht wird, das in unserem Inneren ein Echo auslöst, dem wir uns dann mit unserem eigenen Willen zuwenden müssen, um es in unser Dasein segensreich integrieren zu können und um damit einen Fortschritt zu machen, der uns zu höheren Ebenen hinaufgeleiten kann wo andere Bedingungen herrschen als es gegenwärtig der Fall ist.

Ein ganz besonderer Sieg ist uns dann gewiß, wenn wir es geschafft haben, in Gefilden angelangt zu sein, in denen geistige Hilfen und eine segensreiche Führung möglich geworden sind, denen wir uns dann glücklich und dankbar anvertrauen können, um damit unterstützt unser irdisches Dasein viel reichhaltiger und aussagekräftiger zu gestalten. So können wir Einblick in die Mysterien des Lebens gewinnen, die eine ganz gewaltige Energiequelle darstellen, die als Lohn für diejenigen bestimmt ist, die sich durch die Kraft ihrer Seele vom Irdischen in die Bereiche der „geistigen Sonne“ emporschwingen konnten, um, von dort unterstützt, den Weg durch die Zeit schneller und nachhaltiger zu beenden.

Im Licht der violetten Flamme erglüht alles im hellen Glanz der Freiheit, Vergebung, Loslösung von karmischen Schulden und von irdischen Verkettungen, die einen ungünstigen Einfluß auf das Weiterkommen im Zeichen des Lichtes ausüben. Dahinter steht die unermeßlich große Göttliche Gnade, die uns daraus zufließt und die es uns ermöglicht, unbelastet und frei in Höhen hinaufgelangen zu können, in denen das wahre Leben herrscht und wo die Finsternis keine Macht besitzt.

Damit ist uns das Eins-Sein mit den Göttlichen Kräften beschieden, die sich als glanzvolle Verkörperung um die Seele herumlegen, um ihr die wahre Gestalt zu verleihen, die sie wieder zurückgewinnen konnte. Nun ist es für uns auch viel besser verständlich, warum wir in einen Lichtmantel gehüllt durch unser Leben gehen sollen, um so geschützt und wohl versorgt eine weitaus günstigere Position zu haben, als es ohne die Lichtkräfte jemals möglich wäre.

Darin liegt für uns auch die wahre Bedeutung dieses hier vorliegenden Buches, das sich als ein Lichtsignal aus höheren Ebenen präsentiert und das demnach als etwas verstanden und angenommen werden möge, was aus dem Bereich des Lichtes auf die Erde herabgeflossen ist, um damit die Dunkelheit schneller aufzulösen und um die Leiden und Schmerzen zu verkürzen, denen sich die Menschheit in ihrer Unwissenheit ausgesetzt fühlt. Diese erschweren es noch zusätzlich, das Licht hinter den Dingen wahrnehmen zu können und die wahre Absicht der Seele zu erkennen, die sich in ein irdisches Kleid gehüllt hat, um ihren Aufstieg zu bewältigen und um ihre unendliche Sehnsucht nach dem „ewigen Leben" zu stillen.

In diesen Aufzeichnungen liegt jedoch auch eine Mahnung, die sich darauf bezieht, all das, was hier dargelegt wurde, als etwas zu betrachten, das von absoluter Gültigkeit ist, auch wenn eine Seele dieses noch nicht so recht zu begreifen vermag, weil es ihrem derzeitigen Entwicklungsstand nicht entspricht. Dennoch ist hier die Mahnung angebracht, seine innere Stimme des Herzens nicht ungehört verschallen zu lassen und ihrem Signal zum Aufbruch Folge zu leisten, weil sie sich jetzt, in dieser nun angebrochenen Zeitepoche, in einem Energiefeld eingebunden sieht, das eine enorme Anhebung erfährt und das damit immer höherschwingender und intensiver wird.

Das hat eine allgemeine, stetige Umpolung des feinstofflichen Energiefeldes zur Folge und damit auch eine Veränderung der Gedanken- und Gefühlsmuster, die damit im Zusammenhang stehen.

Deshalb sei diese Mahnung hier ausgesprochen, da nun eine allgemeine Umstrukturierung der Energiefelder stattfindet, wodurch Denken und Fühlen stark beeinflußt und geprägt werden.

Daher sei an dieser Stelle auch noch einmal ganz eindringlich auf die violette Flamme hingewiesen, weil sie die Lichtkraft des angebrochenen Neuen Zeitalters ist und mit ihren Energien eine allesdurchdringende, auflösende und bereinigende Macht ausströmt, die Zeugnis davon ablegt, daß Gott in SEINER Liebe, Güte und Barmherzigkeit uns eine greifbare, nachvollziehbare und ganz konkrete Hilfe zugedacht hat, mit der wir unser irdisches Dasein bereinigen, veredeln und abschließen können.

Erzengel Zadkiel ist der hohe Beherrscher des violetten Lichtreiches, der sich in unendlicher Liebe und Geduld unserer annimmt, wenn wir uns von irdischen Beschränkungen, Leid und Kümmernissen bewußt lossagen und befreien möchten, um dem Licht gemäß eine Bereinigung vorzunehmen, die einen läuternden, klärenden und befreienden Charakter hat. Dadurch können wir uns unnötiger Lasten, alter Verfehlungen und Schulden entledigen, um so zu höheren Ebenen zu gelangen, auf denen wir dem Licht wieder ein großes Stück nähergekommen sind.

Die Reinigung der Aura

In einer sorgfältigen, gewissenhaften Reinigung der Aura liegt ein großer Vorteil, den wir daraus gewinnen können, weil sich auf diese Weise etwas abgelten und klären läßt, was auf anderem Weg eine weitaus größere Zeitspanne beanspruchen würde. In der Aura, unserem feinstofflichen elektromagnetischen Kraftfeld, befinden sich eine ganze Menge unaufgelöster, blockierter und negativ behafteter Energiepartikel, die ständig darin kreisen und dadurch ihre Schwingungen anheben und verstärken.

Deshalb ist es unbedingt notwendig, mindestens einmal in der Woche ein solches Reinigungsritual vorzunehmen, um blockierte Energiefrequenzen mit Licht zu befreien sowie alles Negative und Belastende aufzulösen, um es mit lichterfüllten Energiestrukturen zu ersetzen. Die blaue Farbenergie ist dafür sehr gut geeignet, weil sie eine reinigende und entspannende Wirkung hat, wodurch eine außergewöhnlich hohe Energieanhebung in Gang gesetzt werden kann.

Diese wird deshalb noch zusätzlich erhöht, weil sich ein solches Geschehen stets im Erfüllen des Glaubens und in der Hinwendung an die Göttliche Schöpferkraft vollzieht und damit kraftvoll vergeistigt. Das wirkt wie ein Orkan, der über eine Landschaft hinwegfegt und dabei alles aufwirbelt und verändert, was zuvor gewesen ist. Im Vergleich dazu geschieht in der Aura Ähnliches.

Mit dem kraftvollen Visualisieren von leuchtend blauem Licht werden vorhandene Energiemuster durcheinandergewirbelt und sind dadurch genötigt, sich neu zu strukturieren und zu formieren. Bei diesem Vorgang wird negatives, mit destruktiven Energien belastetes Material in eine Umkehrbewegung versetzt, um so, wie in einer Zentrifuge, gereinigt und geklärt zu werden.

Dabei setzen sich die dunklen „Schadstoffe“ nach unten ab und verdichten sich dort, um auf diese Weise abgesondert und besser entfernt werden zu können, während sich der geklärte Rest nun seinerseits miteinander vereinigt, um aufgeladen und lichterfüllt eine neue Gruppierung im feinstofflichen Feld anzustreben, die nun ein Lichtmuster aufweist, das viel klarer, leuchtender und schutzvoller ist als es zuvor der Fall war.

Die einzelnen Schritte eines solchen Vorgehens sollen nun hier aufgezeigt werden:

Zuerst versetzt man sich in einen völlig entspannten Zustand, den man mit der dreifach aufgegliederten Atemtechnik, wie sie hier noch beschrieben wird, zusätzlich unterstützen und verstärken kann. Dann stellt man sich visuell unter einen leuchtend blauen, sprudelnden Wasserfall und genießt die wohltuenden, reinigenden Energien, die durch den Körper und um ihn herum fließen. Dabei beobachtet man, wie sich alles Belastende, Schwere, Dunkle immer mehr und mehr aufzulösen beginnt und vom leuchtend blauen Wasser hinweggespült wird.

Mit der Zeit fühlt man sich immer leichter, freier und beschwingter, es erwachen neue Lebensgefühle und Wünsche, die aus der Seele emporsteigen und die beachtet werden wol len. Nun befindet man sich in einem losgelösten Zustand von Freiheit und Ungebundenheit und fühlt sich mit der Schöpfung und ihren Segnungen im vollkommenen Einklang.

In diesen Momenten der Dankbarkeit und der inneren Freude über dieses neugewonnene Empfinden ist es an der Zeit, sich an den VATER zu wenden und IHM aus tiefsten Herzen heraus zu danken. In einem solchen Augenblick ist es dann so, als würden Millionen und Abermillionen von tanzenden, lachenden und fröhlichen Lichtfunken zum Schöpfer emporsteigen, um IHM ihr Glück zu offenbaren. Auf diese Weise manifestiert sich nun der neugewonnene Zustand und wird greifbare Realität.

Alles, was nicht dem Licht entspricht, entfernt sich und sinkt, der Schwerkraft folgend, in Bereiche ab, zu denen eine Resonanz besteht. Das Wissen um diesen unabänderlichen Kreislauf trägt dazu bei, daß man sich nun immer ganz genau vergegenwärtigen kann, was man auslöst, wenn man sich jenseits der Lichtgrenze bewegt und dort Energiefrequenzen schafft, die lebensverneinend sind und die deshalb dem kosmischen Gesetz nicht gerecht werden.

Mit einer auf diese Art gereinigten Aura ist es uns möglich, den Schutzwall um uns herum zu verstärken und mit Licht aufzuladen, weil es nun ein homogenes, lichtgestärktes Energiemuster ist, das sich um uns herum aufgebaut hat und das daher auch keine Löcher und Deformierungen aufweist, so wie das bei einem ungereinigten Energiesystem zu erkennen ist.

Die harmonische, einheitliche und damit homogene Beschaffenheit der Aura bietet die notwendige Voraussetzung für eine Schutzfunktion des Lichtes und für die Sicherheit, die wir damit in unserem Dasein gewinnen. Ein geschütztes Kraftfeld ist nämlich gleichzeitig auch ein unbehelligtes Kraftfeld.

Auch deshalb ist der Schutzfunktion unserer Aura eine so große Bedeutung beizumessen, weil sich dadurch keine unliebsamen Energiewesen in diese einnisten und dort festsetzen können, so wie es andernfalls durchaus möglich ist und auch geschieht. Um das besser zu verstehen, muß man sich folgendes vorstellen: Jeder Gedanke, der von einem anderen Menschen geformt und energetisiert wird, hat die Kraft, sich zu verselbständigen und entwickelt damit eine Eigendynamik. Daher ist es ihm möglich, das feinstoffliche Kraftfeld derjenigen Person anzusteuern, die hinter den ursprünglichen Gedanken steht und die ihm damit sozusagen zum Leben verholfen hat. Trifft eine solche Gedankenformation nun auf eine ungeschützte, lichtarme Aura, so kann sie ohne Schwierigkeiten Zugang finden und sich mit Energien ihresgleichen zusammenschließen, aufladen und manifestieren.

Stößt diese jedoch auf ein lichterfülltes, gut geschütztes Kraftfeld, dann prallt sie dort ab und fällt, dem Gesetz der Schwerkraft folgend, nach unten, um sich dort zu orientieren und um sich dann neu formieren zu können.

Es ist ein ewig gleicher, unumstößlicher gültiger Kreislauf, der sich stets auf dieselbe Weise vollzieht, manifestiert und realisiert – entweder *für* oder *gegen* das Licht.

Daran erkennen wir ganz deutlich die absolute Notwendigkeit einer Aura-Reinigung sowie der Errichtung eines Schutzwalles aus Licht, der um die eiförmige Hülle unseres feinstofflichen Kraftfeldes herum aufgebaut werden muß, um so die Voraussetzungen dafür zu schaffen, gut geschützt und unbehelligt durch das Leben gehen zu können.

Visualisierung des Lichtes

Es gibt eine sehr einfache Technik, um das Licht in den Körper zu lenken und um diesen damit aufzuladen und zu stärken. Das Chakra-System dient mit seinen sieben Hauptenergiezentren als Transformationszentrale, über die das Licht und seine Farben in den Körper einfließen können, um sich dort aufzuteilen und zu manifestieren.

Es ist dabei sehr förderlich, sich das Chakra-System als eine Lichtsäule mit sieben Sonnen vorzustellen, durch die das kosmische Licht Eingang finden und sich ausbreiten kann. Man beginnt mit dieser Visualisierungstechnik beim siebten Chakra, das sich über dem Scheitel befindet und atmet das Licht durch diese Stelle rhythmisch ein.

Jeder Atemzug wird in drei Teile aufgegliedert, das heißt:

Einatmen	–	bis drei zählen
Atem anhalten	–	bis drei zählen
Ausatmen	–	bis drei zählen usw.

Auf diese Weise entsteht ein Atemmuster, das eine Energieanhebung bewirkt. Schrittweise von oben nach unten wird jedes der sieben Chakren mit weißem Licht aufgeladen und in seiner Funktion harmonisiert und unterstützt.

Dabei kann man sehr genau wahrnehmen, wie sich die einzelnen Farben von oben nach unten verteilen und sich in den jeweiligen Energiezentren manifestieren, und man wird feststellen, daß die Farben ihren Platz ganz mühelos und selbstverständlich finden und daß dies nicht nach einer festen Norm abläuft und recht unterschiedlich sein kann.

Die klassische Farbzuordnung zu den einzelnen Chakren entspricht den Farben des Regenbogenspektrum von Rot bis Violett, was zwar theoretisch richtig ist, in der Praxis jedoch häufig auch anders beobachtet werden kann. Das hängt damit zusammen, daß jedes Atom unseres Körpers in seiner

Grundtendenz alle Farben des Lichtes in sich beinhaltet. Das bezieht sich auch auf unsere Energiezentren, die zwar in ihrer grundsätzlichen Bedeutung den Regenbogenfarben mit ihren Charakterzügen und Wesensmerkmalen entsprechen, die jedoch in ihrem Funktionsschema darauf ausgerichtet sind, alle Farbgrößen gleichermaßen zu verkörpern. Deshalb ist es vielfach ganz unterschiedlich, welche Farbe sich einem bestimmten Chakra zugesellt, wenn man eine solche Visualisierung mit dem weißen Licht vornimmt.

Es ist wichtig, dieses Geschehen mit dem „geistigen Auge" auf einem imaginären Bildschirm genau zu beobachten, um herauszufinden, welche Farbe gerade besonders benötigt wird und wo ein Mangel oder ein Überschuß herrscht.

Diese Technik kann als tägliche Reinigungs- und Aufbauübung sehr wirkungsvoll angewandt werden. Einen unterstützenden Effekt hat dabei das Visualisieren einer Spirale, die sich von oben nach unten zu den jeweiligen Chakren bewegt und die das Licht bündelt und fokussiert, damit es so noch wirkungsvoller in unser körperliches System einfließen kann. Die Form der Spirale ist ein sehr nützliches Hilfsinstrument, um die Energie des Lichtes gezielt und in einer dem Kosmos gemäßen Schwingungsform in unser Energiefeld einzubeziehen und dort zu verankern.

Ebenso unterstützend und hilfreich ist es, das feinstoffliche Energiefeld um uns herum mit Lichtenergie aufzuladen, um so mit einem Lichtmantel umhüllt sicher und geschützt im Alltag stehen zu können.

Dabei ist es wichtig, sich vorzustellen, daß unser irdischer Körper mit sieben feinstofflichen Schichten umhüllt ist und daß in diesen ebenfalls die Farben des Lichtes vorhanden sind. Diese Visualisierungsübung macht man am besten morgens, um sich dadurch den nötigen Schutz zu verschaffen, den das Licht und seine Farben gewähren.

Man stellt sich dabei seinen physischen Körper als Mittelpunkt vor und umhüllt ihn visuell mit weißem Licht. Das wiederholt man in sieben übereinanderliegenden Schichten und beobachtet auch hier die Farben, die sich nun nach und nach einstellen und ihren Platz einnehmen.

Es ist ein ganz individuelles Farbmuster, das sich dabei um einen herum manifestiert, und man kann daran sehr deutlich erkennen, welche Farbschwingung dominierend ist und welche fehlt, denn auch darin spiegelt sich eine aussagekräftige Bedeutung, die Rückschlüsse auf die eigene Energieformation zuläßt, die man gerade ausstrahlt.

Eine andere Variante für diese Übung bietet sich in den Sieben Farbstrahlen an, die mit den jeweiligen Erzengeln in Verbindung stehen und die sich sehr gut dazu eignen, einen mächtigen Schutzwall um einen herum aufzubauen. Durch eine gezielte Anrufung der sieben Erzengel kann diese Form der Visualisierung noch zusätzlich aktiviert und unterstützt werden.

Wir haben auf den vorangegangenen Seiten immer wieder vernommen, daß es an uns liegt, mit Bitten an die Erzengel heranzutreten und daß sie es als ihre Aufgabe betrachten, uns mit Energien zu versorgen, die unser irdisches Dasein bereichern und veredeln. Es liegt also an uns, dieses in eine Form zu bringen, die unserem Innersten entspricht und die uns dazu befähigt, mit diesen hohen Lichtwesen in engen Kontakt treten zu können, um so von ihnen eine unmittelbare Führung und Unterstützung zu erhalten, nach der wir uns sehnen und die uns weiterhilft.

Diese Übung ist also ganz besonders dazu geeignet, den Schutz und den Segen der sieben Erzengel um uns herum aufzubauen und zu verstärken, um damit eine bessere Alltagsbewältigung vollziehen zu können.

Das Materialisierungs-Ritual

Im Hinwenden an die Macht des Lichtes ist es uns möglich, eine Materialisierung in Gang zu setzen, die uns dabei hilft, ungewollte, behindernde Begrenzungen und Einschränkungen beiseite zu schieben, um mit freiem und entschlußfreudigem Gemüt unser Leben einzurichten und zu erfüllen. Deshalb ist hier der genaue Ablauf eines Materialisierungs-Rituals aufgezeichnet, damit es jedem möglich ist, dieses Gebiet zu erforschen, um es dann in Angriff nehmen und realisieren zu können.

Im großen und ganzen handelt es sich hierbei um eine Manifestation von lichterfüllten Energieformationen und um ihre Realisierung in der Materie sowie um die Transformation unliebsamer Situationen und Begebenheiten, die eine Blockierung in der Lebensbewältigung und damit ein Hindernis darstellen.

Dabei ist es wesentlich, sich klar und deutlich vor Augen zu führen, wie man eine unangenehme Lage bereinigt sehen möchte und was man statt dessen gerne haben würde. Es ist also eine genaue Aufzeichnung darüber nötig, was sich verändern soll und wie es sich gestalten möge, um mit den eigenen Wünschen und Sehnsüchten vollkommen übereinzustimmen.

Diese vorbereitende Klärung ist deshalb wichtig, weil sich darin bereits ein deutliches Bild zeigt, was genau geschehen soll und wie es sich auswirken möge, um eine gute, neue Basis für weitere Fortschritte zu verschaffen. Am besten funktioniert das, wenn man sich seine Vorstellungen klar und deutlich aufschreibt und sich auf diese Weise vergegenwärtigt, was einer Veränderung bedarf oder aber welche Wünsche nach einer Realisierung verlangen, um damit Freude und Zufriedenheit zu gewährleisten.

Die Voraussetzung für den Erfolg eines solchen Rituals ist jedoch die absolute Wahrheit und Klarheit, sowohl sich selbst als auch seinen Nächsten gegenüber, die in ein solches Geschehen möglicherweise eingebunden sind. Die gute, lautere und lichterfüllte Absicht, die hinter einem solchen Vorhaben steht, ist ausschlaggebend für die hilfreiche Unterstützung aus anderen Gefilden, in die die Elementale, die aus Gedankenenergien geschaffen wurden, aufsteigen und wo sie sich mit gleichgestimmten Energieformationen verbinden, um so zu einem geistigen Kraftpotential anwachsen zu können, was der Auslöser für eine Manifestation ist.

Der nächste Schritt einer solchen Zeremonie ist der, sich mit seinen geistigen Kräften zu verbinden und sich ganz gezielt darauf zu konzentrieren, was es für einen bedeuten würde, einen Wunsch realisiert zu sehen, der einem gerade ein ganz großes Anliegen ist und zu beobachten, welche Freude und Glücksgefühle dabei im Inneren aufsteigen.

Wenn eine solche Hochstimmung ihren Höhepunkt erreicht hat, ist es an der Zeit, seinem Schöpfer ein innig empfundenes Dankgebet für diese Segnungen auszusprechen, die sich im Geist bereits manifestiert haben und die damit ihrer Realisierung zugeführt werden konnten, wofür aus irdischer Sicht nun alle Vorbereitungen getroffen und abgeschlossen wurden.

Nun ist der Glaube gefordert sowie die Kraft der Seele, die sich in Form von Vertrauen und Zuversicht äußern muß, um daraus die völlige Gewißheit schöpfen zu können, daß alles – so wie es ist – richtig und gut abläuft und damit dem Höheren Selbst zum vollkommenen Segen gereicht.

Als Abschluß einer solchen Zeremonie ist es sehr hilfreich, sich geistig mit den rosafarbenen Schwingungen des Lichtes zu verbinden und dabei die transformierenden Energien zu fühlen, die sich im feinstofflichen System als Magnetfeld aufbauen und verdichten, um auf diese Weise die Anziehungskraft zu gewährleisten, die für eine erfolgreiche Manifestation notwendig ist. Diese läßt sich mit einem Radarschirm vergleichen, der eine genaue Ortung und Resonanz von Energien ermöglicht, die auf dieser Frequenz zu ihrem Absender zurückkehren möchten.

Es geht hier also darum, für ausgesandte Gedankenformationen „magnetisch" zu werden, um dadurch die Energiefrequenzen anzuziehen, die sich im Elementalbereich vergeistigt, konzentriert und mit Licht aufgeladen haben. Diese kehren dann schließlich wieder zu ihrem Urheber zurück, um ihm als hilfreiches Kraftpotential zur Verfügung zu stehen. Das magnetisch aufgeladene Kraftfeld signalisiert gewissermaßen die „Landeerlaubnis" sowie die Freude über die Ankunft der „Glücksboten."

Man kann sich damit in etwa vorstellen, wie ein solcher Prozeß im Geistigen abläuft und welche Bedingungen notwendig sind, um erfolgreich zu sein.

In einem auf diese Weise abgehaltenen Manifestations-Ritual spiegelt sich die eigene Schöpferkraft sowie die Göttlich vorgesehene Macht, die in jedem von uns verankert ist, ganz deutlich wider, und es wird dabei offensichtlich, daß der auslösende Funke dafür in unserem freien Willen liegt und uns jederzeit zur Verfügung steht.

Die Zeremonie einer Wunsch-Realisierung

Im Erfüllen eines Wunsches, der sich aus den Tiefen einer Seele emporgeschwungen hat, um im Geistigen Gehör zu finden und damit eine Realisierung auszulösen, liegt eine ganz konkrete Absicht, die für die Weiterentwicklung und für das Vorwärtskommen auf unserem irdischen Pfad sehr förderlich ist. Deshalb ist jeder unterdrückte Seelenwunsch eine Blokkierung des eigenen Entwicklungsprozesses und eine Verzögerung auf dem Weg zum Licht.

In dieser klar formulierten Aussage erkennen wir eine unmittelbare Aufforderung, unsere innersten Sehnsüchte nicht zu überhören, sondern ihnen die Möglichkeit zu gewähren, sich ausdrücken und entfalten zu können, weil sich daraus eine Bewegung herleitet, die für eine Umgestaltung und Neustrukturierung des Lebens sorgt. Deshalb haben wir es in unserer Macht, diesen natürlichen Fluß des Wachstums und der Reife zu unterstützen, zu fördern und anzuregen, indem wir auf unser Innerstes hören und diesem Folge leisten, sofern unser freier Wille dafür aufgeschlossen und bereit ist.

Damit stehen wir vor einem mächtigen Tor, das uns den Zugang zu einem Gebiet ermöglicht, das sich als fruchtbarer Boden für eine Wunschrealisierung anbietet. Es ist jedoch nicht so ohne weiteres zugänglich, sondern steht nur denjenigen offen, die den richtigen Schlüssel dafür besitzen. Dieses Kapitel ist deshalb von so ausschlaggebender Bedeutung, weil hier ein Thema angeschnitten wird, das von jeher ein großes Rätsel gewesen ist, das nur von wenigen sogenannten „Auserwählten" vollkommen durchschaut und gelöst werden konnte.

Es ist der Wille unseres Schöpfers, daß wir freie, stolze und unbeugsame Wesen sind, die sich ihrer Macht und Würde bewußt sind, die um ihre eigene Schöpferkraft Bescheid wissen und diese auch anwenden und ausüben, um ein Dasein im vollen Glanz der Freiheit und Unabhängigkeit führen zu können.

Die Unterdrückung der Menschenwürde und die Beeinträchtigung des freien Willens eines Menschen ist weit von dem entfernt, was Gott in SEINEM Schöpfungsplan vorgesehen hat.

Deshalb ist es jetzt höchste Zeit geworden, allen, die sich in Begrenzungen festgefahren haben, eindringlich ins Bewußtsein zurückzurufen, daß Gott *jeder* Seele die Macht gewährt hat, ihrer eigenen Bestimmung gemäß all das zu verwirklichen, was in ihrem Innersten anklingt und auf ihrem Grunde ruht, damit sie geweckt und erlöst wird aus dem langwährenden Schlaf der Jahrtausende, der sich nun immer mehr seinem Ende zuwendet, um schließlich ausgestanden und beendet zu sein.

Dann ist für eine Seele der Zeitpunkt gekommen, ihren neuen Tag zu beginnen und eine Ewigkeit vorzufinden, die raum- und zeitlos ist. Das ist also unser Weg zum Ziel, und somit liegt es auch ganz klar und deutlich auf der Hand, daß unsere inneren Wünsche und Sehnsüchte ganz unmittelbar damit zu tun haben und mithelfen, auf daß unsere Evolution beschleunigt wird, um endlich den Wachzustand zu erreichen, der im kosmischen Plan als die „Ewige Glückseligkeit" verzeichnet ist.

Deshalb ist es ein ganz großes Anliegen der Erzengel-Hierarchie, daß wir aus unserer selbstauferlegten Lethargie aufwachen mögen und unser Steuerrad so betätigen, wie es gedacht ist, nämlich als Vorrichtung, um die gewünschte Richtung gezielt anzusteuern, damit sie in bestmöglicher und kürzester Zeit bewältigt wird.

Vielen ist das jedoch nicht bewußt und deshalb lassen sie es zu, daß andere ihr Lenkrad bedienen und damit bestimmen, wohin der Weg führen soll. Hier gilt es Einhalt zu gebieten und sich der gravierenden Lage bewußt zu werden, die sich damit abzeichnet. Kein Mensch hat das Recht, einem anderen die Richtung vorzuschreiben oder ihn dahingehend zu beeinflussen, diese zu verändern ohne daß er es selbst will.

Damit stehen wir nun wieder an einer Weggabelung – die eine Strecke führt in die Freiheit, die andere hingegen in viele weitere Erfahrungen, Läuterungen und in neu zu gewinnende Erkenntnisse, die noch erforderlich sind, um dem eben Gesagten folgen zu können. Wir wollen uns hier jenen zuwenden, die in diesem klaren, deutlichen Hinweis ein Licht der Hoffnung erblickt haben – ein Licht, das ihren Weg erleuchtet, damit sie den Schlüssel finden können, der das Tor zur Freiheit öffnet und der von jeher als „Stein der Weisen" bezeichnet wurde, der einen dazu ermächtigt, Erkenntnisse zu gewinnen, die von ewiger Bedeutung für die Seele sind.

Dieses begehrte „Juwel“ ist jedoch nicht so ohne weiteres zu haben, sondern steht nur denen zur Verfügung, die in sich den Glauben an die Schöpferkraft Gottes sowie an die Schöpferkraft des eigenen Geistes hochhalten und mit diesem unerschütterlichen Wissen ans Werk gehen, um eine Manifestation vorzunehmen, die sich aus den Tiefen der Seele herleitet.

Wir haben bereits von der karmischen Verknüpfung gesprochen und von der Notwendigkeit, diese zuerst zu bereinigen, bevor eine Materialisierung im Sinne einer wunderbaren Verwirklichung stattfinden kann. Das ist eine Voraussetzung, der Rechnung getragen werden muß und die stets berücksichtigt werden muß, damit alles in vollkommener Ordnung und Ausgewogenheit ablaufen kann.

Nun wollen wir zu dem Teil übergehen, der die Realisierung einer Wunschverwirklichungs-Zeremonie betrifft und dazu bemerken, daß diese Hilfe all jenen gewidmet ist, die in sich das Licht verkörpern, es tagtäglich einsetzen und aussenden, um der Menschheit damit einen Liebesdienst zu erweisen.

Wir wenden uns hiermit auch ganz besonders an jene, die ihr Dasein in den Dienst am Nächsten gestellt haben und die dabei in Bedrängnisse geraten sind, die es nun aufzulösen und zu bereinigen gilt. Wir sprechen auch die Wesen des Lichtes an, die aus einer inneren Scheu heraus nicht wagen, ihren Wünschen und Sehnsüchten nachzugehen und diese wie einen schönen Traum in ihrem Herzen aufbewahren sowie die vielen Lichtträger, die darum bemüht sind, eine bessere Umwelt zu schaffen, damit künftige Generationen eine heile Natur vorfinden können.

All denen, die in ihrem Herzen die Sehnsucht verspüren, zum Heil der Welt beizutragen, um so als Teil des Ganzen ihre Pflicht zu erfüllen, denen sei die nun folgende Zeremonie als ein Geschenk aus den jenseitigen Gefilden des Lichtes überreicht, um so den Schlüssel in Empfang nehmen zu können, der das Tor zum „Stein der Weisen“ zu öffnen vermag.

Diese Zeremonie soll stets im Anschluß an eine Reinigungs-Meditation begangen werden, wobei die Aura abschließend mit Licht aufgeladen und versiegelt wird. Außerdem muß immer sorgfältig darauf geachtet werden, daß die Erdung gesichert ist, das heißt, daß die imaginären Lichtwurzeln tief in die Erde hineinreichen, um einen starken Halt zu gewährleisten. Dies erreicht man, indem man sich vorstellt, daß aus den Füßen Lichtstrahlen in Form von Wurzeln austreten, die bis hinunter zum Licht im Mittelpunkt der Mutter Erde reichen. Dort verbinden sich die Lichtwurzeln mit dieser kraftvollen Lichtenergie und ziehen Kraft, Vertrauen und die notwendige Erdung aus dieser Verbindung.

Dann versenkt man sich mit Hilfe der dreifach aufgegliederten Atemtechnik in einen tiefen Entspannungszustand und visualisiert dabei seinen Wunsch, so wie es bereits beschrieben worden ist.

Die rhythmische, dreimalige Wiederholung der folgenden Mantras, die dem Wunsch zur Realisierung verhelfen sollen, ist von großer Wichtigkeit, weil das die unbedingte Voraussetzung für die Auslösung einer Umkehrbewegung darstellt, die erforderlich ist, damit sich die geistige Dynamik in ihren materiellen Gegenpol umwandeln kann.

Das Mantra der Wunschverwirklichungs-Zeremonie ist dieses:

Im Namen des VATERS erhebe ICH mich zum Schöpfer meines Daseins
ICH BIN ermächtigt, meine Situation zu verbessern, mit LICHT zu klären, zu ordnen und zu bereinigen
Alles, was der VATER hat, ist mein
ICH BIN ein Mitschöpfer der Göttlichen Weisheit in mir
Mein Dasein ist vollkommen gesegnet, heil und zu*frieden*

ICH habe das Recht auf meine Selbstverwirklichung und ICH nutze es jetzt:

VATER – VATER – VATER
DU BIST meine ICH-BIN-Gottgegenwart in Tätigkeit
DU BIST meine vollkommene Wahrheit, Klarheit und Ordnung
DU BIST mein Richter und Retter aus meinem selbstverursachten Karma
DU BIST die Weisheit, die über meinem Wunsch steht und vor der ICH mich bedingungslos beuge
DU BIST mein LICHT in der Dunkelheit
DU BIST meine Erleuchtung im Erkennen meines Weges
DU BIST die unendliche Liebe und stillst damit die Sehnsucht meiner Seele

Diese Sätze sind jeweils dreimal zu sprechen!

Als Mitschöpfer Gottes spreche ICH das Wort und gebiete über meinen Geist, damit sich das WORT jetzt materialisiert:

RUFEN – RUFEN – RUFEN
FINDEN – FINDEN – FINDEN
GÖTTLICH – GÖTTLICH – GÖTTLICH
ERFOLG – ERFOLG – ERFOLG
EINSICHT – EINSICHT – EINSICHT
GEWINN – GEWINN – GEWINN

Im Namen des VATERS gebiete ICH den Elementen und erbitte die Hilfe aus dem Elementalreich, um meinen Wunsch, gemäß dem des VATERS in mir, in die Realität treten zu lassen.

(Dreimal sprechen.)

ICH BIN dankbar – dankbar – dankbar und segne die Schöpfung und ihre Macht und Herrlichkeit.
So ist es – im Namen meines Göttlichen ICH BIN.

Die machtvolle Kraft des ICH BIN

ICH BIN – verdeutlicht die eigene Göttlichkeit, die im Inneren eines jeden Menschen vollkommen und stark verankert ist und die es ihm erlaubt, Schöpfer seines eigenen Geschickes zu sein, um sein Dasein wunschgemäß, erfolgreich und wirkungsvoll bewältigen zu können. Das Wissen um dieses innere Lichtpotential der ICH-BIN-Gegenwart-Gottes – bedeutet für uns das Erkennen der eigenen Macht und des grenzenlosen, schöpferischen Potentials, das wir in uns tragen und das uns stets zur Verfügung steht, wenn wir uns das bewußt machen und dementsprechend handeln.

Ein Mensch, der sich seiner schöpferischen Macht verbunden fühlt, wird sich in seinem Alltagsgeschehen davor hüten, das gottvergegenwärtigende Wort ICH BIN zu mißbrauchen, indem er es in Zusammenhang mit negativen, lichtverneinden Aussagen bringt, weil er weiß, daß er damit sein eigenes Machtpotential enorm schmälern würde und sich obendrein seiner Würde beraubt, die damit zusammenhängt.

Macht und Würde sind die Insignien eines königlichen Potentaten, der sich seiner Position und seines Einflusses gewiß ist und der sich deshalb dieser beiden Kräfte bedient, um seinem Wunsch gemäß alles so zu regeln, wie es ihm angemessen erscheint. Auf unser Dasein bezogen bedeutet das genau das gleiche.

Wir haben unsere königlichen Insignien in Form unseres freien Willens und unserer Gedankenfreiheit von unserem Schöpfer überantwortet bekommen, um damit in eine Lebensform eingehen zu können, die uns neue Chancen und Möglichkeiten bereitstellt, an denen wir uns bewähren müssen.

Hier geht es nun darum, erkennen zu können, daß im Göttlich dargelegten Grundprinzip eine Bedeutung mitschwingt, die wir in uns tragen und die sich in Form unserer Gottgegenwart ICH BIN in unserem Wesenskern manifestiert hat. Damit liegt es klar auf der Hand, daß die ICH BIN-Manifestation eine ganz geballte Kraft in sich trägt, aus der sich für uns sehr greifbare und nachvollziehbare Hilfe ableitet, wenn wir diese bewußt in Anwendung bringen.

Die Anrufung unserer ICH-BIN-Gottgegenwart verdeutlicht auch ein reelles Hinwenden an unsere innere Schöpferkraft, die im „Göttlichen Funken" liegt und die dadurch eine Anerkennung erfährt. Das wiederum führt dazu, daß sich im Emotionalbereich eine Verdichtung vollzieht, die mit Lichtenergien erfüllt ist und die sich in jene Gefilde emporschwingen kann, die dafür ein Resonanzfeld bieten: das sind die Ebenen des Lichtes sowie der Göttlichen Schöpferkraft, die sich hier verdeutlicht und damit in Gang gesetzt und vergeistigt wird, um dann mit dem körperlichen Bereich und seinen feinstofflichen Hüllen eine neuerliche Verbindung einzugehen, was wir als Gnade, Segen, Höhere Führung oder Wunder bezeichnen.

Darin liegt die wahre Hilfe aus dem spirituellen Bereich des Göttlichen Lichtes und seiner Farben, und das ist es auch, was uns zuteil wird, wenn wir unseren Blick nach oben richten und um Hilfe und Unterstützung bitten. Das sollte jedoch stets im vollen Bewußtsein unserer eigenen Macht und Würde geschehen und mit dem festen Wissen um unsere eigene Schöpferkraft, die uns dazu befähigt und emporhebt, Mitschöpfer Gottes sein zu dürfen.

Daraus wird auch klar verständlich, daß eine Bitte, die man nach oben richtet, stets mit dem vollen Wissen um diese eigene Kraft unterstützt werden muß und nicht aus einem Bedürfnis heraus, das mit Beeinträchtigung und Bedrängnis in Verbindung steht und einen damit unter Druck setzt, denn damit verleugnet man seine Gottgegenwart ICH BIN und ihre Schöpferkraft.

Folgende Affirmationen mögen zur Anregung und zur Hilfe dienen, um damit das innere Licht zu stärken und um den Göttlichen Plan für dieses Dasein besser erkennen und nachvollziehen zu können:

☆

ICH BIN das Licht meiner Welt und wirke mit Liebe zum Wohl des Ganzen.

☆

ICH BIN die schöpferische Kraft meines Geistes und verwandle damit Schatten in Licht.

☆

ICH BIN die uneingeschränkte Macht meines Willens, und ich unterstelle mich damit dem Göttlichen Willen und SEINEM Gesetz.

☆

ICH BIN vollkommene Wahrheit, Klarheit, Gesundheit, Freude und Dankbarkeit.

☆

ICH BIN die auslösende Kraft für Wunder in meinem Leben.

☆

ICH BIN ein Mitschöpfer Gottes und damit an der Schöpfung meiner Welt unmittelbar beteiligt.

☆

ICH BIN die vollkommene Erfüllung meines Göttlichen Planes.

☆

ICH BIN dankbar für dieses Wissen, das mich zum König meines Willens emporgehoben hat.

☆

ICH BIN ein Teil des Lichtes – und damit wahr und ewig.

☆

Im täglichen Ausüben solcher ICH-BIN-Affirmationen liegt für uns eine große Hilfe, durch die sich unser feinstoffliches Kraftfeld mit Lichtenergie erfüllt und verdichtet, um so als segensreiche Manifestation auf unser Dasein zurückzufallen und um es damit ganz wesentlich zu bereichern.

Die Magnetisierung des feinstofflichen Kraftfeldes

Wir haben immer wieder davon gesprochen, daß es jeder Mensch selbst in der Hand hat, sein feinstoffliches Kraftfeld so zu gestalten, wie er es gerne haben möchte, um damit die „Glücksboten" anzuziehen, die sich im Elementalbereich mit Lichtenergie erfüllt haben und die damit ihre Manifestation im Irdischen anstreben. Dazu ist jedoch eine Anziehungskraft erforderlich, die sich daraus herleitet, daß Gedanken, Worte und Taten in eine Richtung laufen müssen, die das Gewünschte bereits tatkräftig unterstützt, um es so in eine Bahn zu leiten, die unmittelbar zum Absender zurück führt und die somit eine weitere Verkürzung des Weges darstellt, den eine Elementalformation vom Lichtreich bis zum Absender der ursprünglichen Energie zurückzulegen hat.

Damit ist deutlich erkennbar, daß es an unserem Denken, Reden und Handeln liegt, wie sich ein solcher Prozeß gestaltet und welche Resultate daraus zu gewinnen sind. Der tiefe Sinn dahinter ist der, daß alles in einem ausgewogenen Gleichgewicht stehen muß, um in einer harmonischen Abfolge in die Realität einfließen und sich dort verankern zu können. Hier ist gemeint, daß es im Sinne der kosmischen Ordnung ablaufen muß, damit sich etwas zu unserem Wohl materialisieren kann, das Bestand haben soll, sowohl im Irdischen als auch im Spirituellen, denn nur dann ist es mit dem Sinn behaftet, der einzig und allein im Lichterfüllten, Hellen und Klaren zu suchen und zu finden ist.

Es hat eine tiefgreifende Bewandtnis, die hinter einem solchen Manifestationsgeschehen steht, und diese zielt darauf hin, daß alles, was sich verwirklichen soll, einem Zweck entsprechen muß, der eine Energietransformation im Zeichen des Lichtes darstellt.

Wir haben von unserem Schöpfer die Macht zur Manifestation erhalten, und damit ist uns eine ganz unmittelbare Möglichkeit offengelegt, die sich darauf bezieht, alles das, was unser Dasein veredeln und emporheben kann, in eine unmittelbare Relation zu den Gegebenheiten zu bringen und die Umgestaltung unliebsamer Dinge, die das Dasein mit Schatten und mit Hindernissen schmälern und beengen, beiseite zu räumen, um den dadurch freigewordenen Raum mit lichterfüllten Kriterien zu erfüllen, die einen Aufwärtstrend ermöglichen.

Nun wollen wir uns darüber Gedanken machen, wie das in Gang gesetzt werden kann und welche Richtlinien zu beachten sind, um alles in ausgewogener Art und Weise erfolgreich bewältigen zu können. Deshalb soll hier der genaue Ablauf eines solchen Vorgehens erläutert werden, damit jeder, der es in sich fühlt, eine Handhabe zur Verfügung hat, die ihm dabei behilflich sein kann, sein Leben umzuwandeln und neue Ufer zu erreichen, die eine bessere und wirkungsvollere Lebenserfüllung bieten.

Man beginnt damit, sich bildlich vorzustellen, wie die freudige Nachricht über einen hereinbricht, die eine Veränderung oder Stabilisierung einer angestrebten Lebensphase ankündigt. Aus diesem Glücksgefühl heraus, das sich immer mehr ausbreitet und verstärkt, erhebt man sein Herz zum VATER und dankt aus dem innigen Bedürfnis einer Seele, die sich geborgen, geschützt und genährt fühlt und die ihr Urvertrauen in die Schöpfung auf diese Weise bekunden möchte.

VATER – VATER – VATER, für alles, was Du mir gewährt hast, danke ich DIR aus innigstem Herzen heraus und in dem Bewußtsein, damit auf meinem Weg zum Ziel weiter emporgekommen zu sein.

ICH BIN dankbar – dankbar – dankbar – so ist es – gesprochen von meiner Gottgegenwart ICH BIN.

Das ist ein Dankgebet, das nach einer Visualisierung gesprochen werden kann, um damit die Göttliche Vorsehung zu loben und ihre unermeßliche Gnade zu verherrlichen. Auf diese Weise ist die Basis für eine Magnetisierung des Energiefeldes bereitet, die nun noch damit unterstützt und energetisiert werden kann, daß sich alles, was man denkt, spricht und vollzieht, bereits in dem Rahmen bewegt, der seinen Wünschen entgegenkommt, um das zu Erwartende auf diese Weise bereits in den Tagesablauf miteinfließen zu lassen.

Hier vollzieht sich das in etwa so, wie bei einer Familie, die Nachwuchs erwartet und die sich bereits freudig auf das große Ereignis einstellt, indem alles sorgfältig vorbereitet wird. So ähnlich ist es auch bei der Materialisierung eines Lichtelementals, das sich dazu aufmacht, im Irdischen eine Verankerung vorzunehmen und das dafür ein gut vorbereitetes Feld vorfinden muß, um sich erwartet und willkommen zu fühlen und um damit die volle Kapazität einsetzen zu können, die in ihm ruht.

Das läßt auch den Vergleich mit einem gut bereiteten, gedüngten und bewässerten Boden zu, auf dem ein Samenkorn unter optimalen Bedingungen wachsen und gedeihen kann, um dann schließlich eine reiche Ernte zu erbringen.

Dieses Bild hilft uns dabei, unsere Vorstellungskraft anzuregen, und wir erkennen daran auch, daß alles und jedes einem ganz bestimmten, gesetzmäßigen Rhythmus unterliegt, der sich überall im Kosmos widerspiegelt und der auch in bezug auf die Magnetisierung unseres feinstofflichen Kraftfeldes seine absolute Gültigkeit hat.

Hilfe zur Selbsthilfe

Immer wieder hört man von Dingen, die scheinbar mit überirdischer Hilfe im Zusammenhang stehen, die in ihrer Ursprünglichkeit aber dennoch mit den eigenen Gedanken, Worten und Taten verbunden sind, die man einmal dahintergesetzt hat. Das ist ein Beweis dafür, daß alles, was man selbst auszusenden imstande und bereit ist, wieder auf einen selbst zurückfällt – entweder als Segen und Gnade oder aber als Denkanstoß und Lernprozeß, der dahinter stets zu finden ist.

Nun wollen wir uns mit der Tatsache vertraut machen, daß alles, was aus dem jenseitigen Bereich an Hilfe zu uns herüberfließt, immer ganz unmittelbar damit zusammenhängt, was der auslösende Gedanke dafür war und welche Motivation dem jeweiligen Anliegen zugrunde lag.

Das bezieht sich sowohl auf Bitten um Hilfe, die man für nahestehende Mitmenschen herabfleht, als auch auf Liebesdienste, die man im Sinne der Nächstenliebe leisten möchte. Es ist dabei sehr wesentlich, daß die Grundidee dafür aus einem liebevollen, mitfühlenden Herzen stammt, damit man in jenseitigen Gefilden dafür Gehör finden und ein Echo auslösen kann.

Hierzu gehört auch alles, was man im Dienst an der Menschheit, der Natur und ihrer Lebewesen sowie des gesamten Kosmos zu verrichten bereit ist, um diese mit Lichtkraft zu unterstützen und aufzuladen. Als Teil eines Ganzen im großen kosmischen System gehört es nämlich auch zu unseren Aufgaben und Verpflichtungen, unseren Teil dazu beizutragen, daß das Licht seine Leuchtkraft ständig mehr erhöhen und verstärken kann, um damit neuen Lebensformen zum Durchbruch zu verhelfen.

Es ist damit also auch unsere Pflicht und Schuldigkeit, dieses Anliegen der Schöpfung mit unserer Hilfe zu unterstützen und es bewußt mitzutragen, indem wir täglich einen Moment der Stille einlegen und uns darauf besinnen, mit Hilfe unseres Vorstellungsvermögens und mit der Macht unserer Schöpferkraft des ICH BIN Licht in die Atmosphäre einfließen zu lassen.

Dahinter steht für uns alle eine große Verantwortung, der wir uns nicht entziehen dürfen und der wir mit folgender täglich ausgeführter Licht-Affirmation bewußt nachkommen können:

Friede, Licht und Liebe allen Wesen, diesseits oder jenseits, sichtbar oder unsichtbar, nah oder fern, die dem Licht verbunden sind oder sich dem Licht wieder entgegensehnen.

Friede, Licht und Liebe dem Elementarreich und allen Bereichen der Schöpfung, die sich dem Licht verbunden fühlen.

Friede, Licht und Liebe dem Planeten Erde, der unser Lebensraum ist und allen anderen Planeten, Galaxien und Ebenen, die dem Licht nahe stehen.

Friede, Licht und Liebe sende ich in Raum und Zeit und in die Unendlichkeit des Universums.

So ist es – gesprochen im Namen meiner Gottgegenwart ICH BIN.

Das wäre eine Grundlage für ein tägliches Lichtritual zum Wohl und Segen der Schöpfung. Damit beziehen wir uns ebenfalls in das Große, Ganze mit ein und erfahren das Echo unseres guten Willens stets auch ganz unmittelbar an uns selbst, wodurch der erste Schritt einer Hilfe zur Selbsthilfe erfolgreich getan wäre. Man kann dieses tägliche Ritual mit der Farbe des jeweiligen Tages noch zusätzlich unterstützen und energetisieren.

Dieses Thema wird im nächsten Kapitel ausführlicher behandelt werden. Ein weiterer Vorschlag zur Selbsthilfe betrifft das Umsetzen der Farbschwingungen in die damit korrespondierenden Töne, wodurch eine Schwingungsanhebung zustande kommt, die sehr positive Veränderungen in der Energiestruktur unseres feinstofflichen Kraftfeldes herbeiführen kann.

Die Zuordnung der Töne sowie klassischer Musikstücke, die mit den Farbschwingungen harmonieren, die die sieben Erzengel repräsentieren, wird hier ebenfalls noch dargelegt werden.

Eine sehr einfache, selbständig nachvollziehbare und höchst wirkungsvolle Energieanhebung läßt sich auch durch das Singen der Erzengel-Namen bewirken, die sich alle in einen Dreiklang einfügen lassen, den man nach eigenem Empfinden anstimmen kann. Dabei verbindet man sich geistig mit dem bestimmten Erzengel, an den man sein Anliegen gerne herantragen möchte und kleidet seinen Namen in eine beliebig intonierte Dreiklang-Struktur, die man einundzwanzigmal rhythmisch wiederholt.

Auf diese Weise baut sich sehr wirkungsvoll und rasch eine Energieformation auf, die durch die Töne noch eine zusätzliche Verstärkung der Schwingungsenergie erfährt, die dazu beiträgt, den Kanal zum Lichtreich des angerufenen Erzengels stärker und klarer zu gestalten.

Hierin liegt eine sehr einfache und jederzeit gut nachvollziehbare Hilfe, die uns stets zur Verfügung steht, wenn wir an einen bestimmten Erzengel mit einem Anliegen herantreten wollen, um uns auf diese Weise noch wirkungsvoller mit seinem farberfüllten Lichtstrahl zu verbinden und uns damit aufzuladen, zu reinigen und zu erneuern. Ein weiterer Hinweis für eine Hilfe zur Selbsthilfe liegt darin, daß wir uns stets darum bemühen sollten, Hilfen an Mitmenschen weiterzugeben, die sich in Not und Bedrängnis befinden und denen auf diese Art ein Licht angezündet wird, das in seiner Intensität voll auf denjenigen zurückfällt, der dieses auszulösen vermochte.

In der liebevollen, hilfreichen Unterstützung eines Mitmenschen liegt immer ein großer, überreichlicher Segen, der als leuchtende Lichtkapazität auf die eigene Energiestruktur zurückfällt und sich dort verdichtet und manifestiert. Dieser Vorschlag ist deshalb so wesentlich, weil darin das größte, Göttliche Gut – die Liebe – miteinbezogen ist und ihre magnetisierende Kraft uneingeschränkt zur Verfügung stellt.

Im Hinwenden an den Nächsten schwingt außerdem Mitgefühl und Zuneigung – und daraus erwächst Gnade – eine Göttliche Essenz, die dazu imstande ist, das Dasein entscheidend aufzuwerten, zu bereichern und zu veredeln.

In der Hilfe zur Selbsthilfe steht also die Nächstenliebe stets an der obersten Stelle, denn nur daraus fließt ein Gnadenstrom, der die Voraussetzung dafür bietet, unser Dasein fruchtbarer und ergiebiger werden zu lassen.

Hilf dir selbst – dann hilft dir Gott.

Dieser Satz führt oft zu Mißverständnissen oder zu Ratlosigkeit, dennoch verbirgt sich dahinter die große, Göttliche Vorsehung, die all das in sich beinhaltet, was zu unserem Vorwärtskommen dienlich ist und das in letzter Konsequenz darauf hinzielt, was im kosmischen Gesetz an die oberste Stelle gesetzt wurde:

„Das Höchste aber ist die LIEBE"

Und weil dem so ist, finden wir die beste Hilfe für uns selbst in der Ausübung von Liebe, Zuwendung und Mitgefühl unserem Nächsten gegenüber, da sich auf diese Weise eine Manifestation unserer Lichtträgermentalität und gleichzeitig auch ein Emporwachsen zum Licht vollzieht.

Der Erste Strahl des Lichtes

– Saphirblau –

Hoheitsgebiet:	Erzengel Michael – „Wer ist wie Gott?“
Eigenschaft:	Glaube, Schutz, Gottes Wille
Tag:	Sonntag
Planet:	Sonne
Metall:	Gold
Ton:	A/Cis
Vokal:	AU
Edelsteine:	Blauer Saphir, Aquamarin, Coelestin
Ätherische Öle:	Eichenmoos, Verbena, Schafgarbe
Musik:	Beethoven – 1. Klavierkonzert 3. Satz und Appassionata Smetana – Die Moldau
Tagessiegel:	siehe oben

Der Zweite Strahl des Lichtes

– Goldgelb –

Hoheitsgebiet:	Erzengel Jophiel – „Gott ist meine Wahrheit“
Eigenschaft:	Erleuchtung, Weisheit, Beständigkeit
Tag:	Montag
Planet:	Mond
Metall:	Silber
Ton:	H/Dis
Vokal:	EI
Edelsteine:	Goldtopas, Citrin, Bernstein
Ätherische Öle:	Eukalyptus, Mimose, Bergamotte
Musik:	Grieg – Klavierkonzert a-Moll op. 16 Andante maestoso Wagner – Lied an den Abendstern – aus Tannhäuser Beethoven – Romanze für Violine und Orchester Nr. 2 F-Dur op. 50
Tagessiegel:	siehe oben

Der Dritte Strahl des Lichtes

– Rosa –

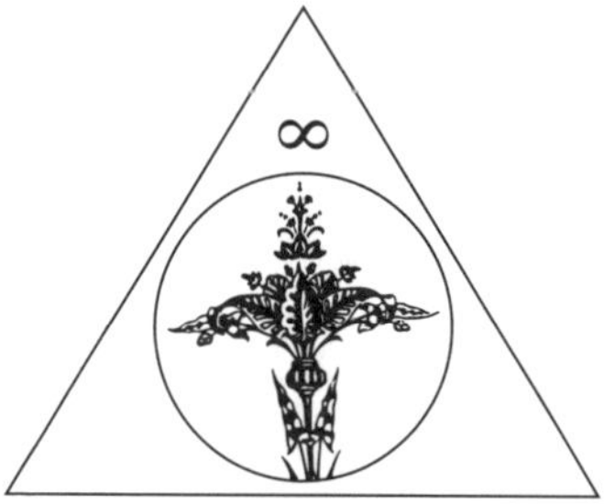

Hoheitsgebiet:	Erzengel Chamuel – „Gott ist mein Ziel“
Eigenschaft:	Liebe, Mildtätigkeit
Tag:	Dienstag
Planet:	Mars
Metall:	Eisen
Ton:	C/Eis/His
Vokal:	E
Edelsteine:	Rubelith, Rosenquarz, Rosa Kunzit
Ätherische Öle:	Ingwer, Cistrose, Geranium
Musik:	Grieg – Klavierkonzert op. 16 Adagio Rachmaninow – 2. Symphonie 3. Satz Romanze Mahler – Symphonie Nr. 5 cis-Moll Adagietto
Tagessiegel:	siehe oben

Der Vierte Strahl des Lichtes

– Kristallweiß –

Hoheitsgebiet:	Erzengel Gabriel – „Gottes Kraft“
Eigenschaft:	Reinheit, Klarheit, Hoffnung
Tag:	Mittwoch
Planet:	Merkur
Metall:	Quecksilber
Ton:	D/Fis
Vokal:	I
Edelsteine:	Diamant, Herkimer Diamant, Bergkristall
Ätherische Öle:	Jasmin, Neroli, Myrte
Musik:	Mascagni – Intermezzo aus Cavalleria Rusticana Grieg – Klavierkonzert in A op. 16 Adagio Chopin – Andante spianato op. 22
Tagessiegel:	siehe oben

Der Fünfte Strahl des Lichtes

– Grün –

Hoheitsgebiet:	Erzengel Raphael – „Gott heilt“
Eigenschaft:	Wahrheit, Heilung, Konzentration
Tag:	Donnerstag
Planet:	Jupiter
Metall:	Zinn
Ton:	E/Gis
Vokal:	O
Edelsteine:	Smaragd, Peridot, Grüner Turmalin
Ätherische Öle:	Geißblatt, Narzisse, Ginster
Musik:	Beethoven – Mondschein-Sonate Mozart – Klavierkonzert Nr. 21 C-Dur Andante Max Bruch – Violinkonzert Nr. 1 g-Moll op. 26 Adagio
Tagessiegel:	siehe oben

Der Sechste Strahl des Lichtes

– Rubinrotgold –

Hoheitsgebiet:	Erzengel Uriel – „Feuer Gottes“
Eigenschaften:	Gnade, Freude, Dankbarkeit
Tag:	Freitag
Planet:	Venus
Metall:	Kupfer
Ton:	F/Fis
Vokal:	A
Edelsteine:	Rubin, Carneol, Hyazinth
Ätherische Öle:	Sandelholz, Rose, Iris
Musik:	Brahms – Wiegenlied Humperdinck – Abendgebet aus Hänsel und Gretel Schmidt – Zwischenspiel aus der Oper Notre Dame
Tagessiegel:	siehe oben

Der Siebte Strahl des Lichtes

– Violett –

Hoheitsgebiet:	Erzengel Zadkiel – „Wohlwollen Gottes“
Eigenschaft:	Transformation, Vergebung, Erlösung
Tag:	Samstag
Planet:	Saturn
Metall:	Blei
Ton:	G/B
Vokal:	U
Edelsteine:	Amethyst, Sugilith, Violetter Fluorit
Ätherische Öle:	Veilchen, Ylang-Ylang, Lavendel
Musik:	Schuman – 4. Symphonie 1. Satz Massenet – Meditation aus der Oper Thais Saint-Saens – Romanze in C op. 48
Tagessiegel:	siehe oben

Das Erzengel-Mandala

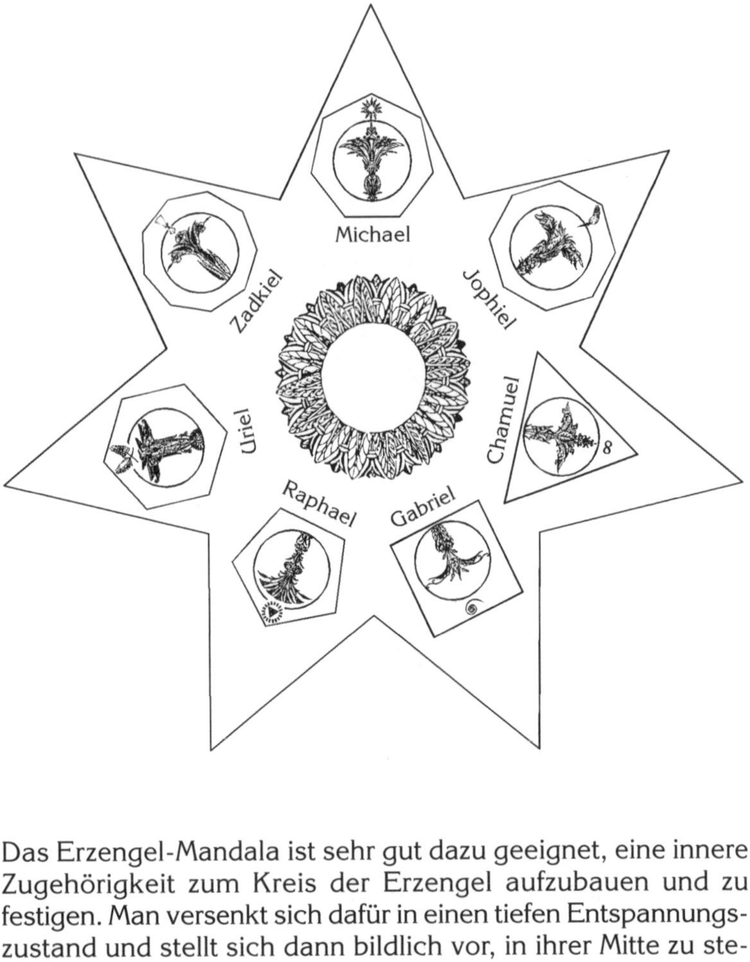

Das Erzengel-Mandala ist sehr gut dazu geeignet, eine innere Zugehörigkeit zum Kreis der Erzengel aufzubauen und zu festigen. Man versenkt sich dafür in einen tiefen Entspannungszustand und stellt sich dann bildlich vor, in ihrer Mitte zu stehen und ihre Liebe und Zuwendung unmittelbar fühlen und wahrnehmen zu können.

Durch das bewußte Einatmen der sieben Farbstrahlen, die die Erzengel verkörpern, ist es möglich, die Intensität einer solchen Zeremonie zu steigern und in Bewußtseinszustände zu gelangen, die weit über der irdischen Wahrnehmungsfähigkeit liegen.

Die Hilfe der Erzengel ist stets ganz unmittelbar zugegen, wenn man sich ihnen mit Andacht und mit der Bitte um Zuwendung nähert, und man kann sich dessen sicher sein, daß von ihnen ein kraftvolles, lichterfülltes Echo zurückkommt, womit sie ihre Lichtkräfte im feinstofflichen Bereich des Bittenden verankern und ausbreiten, um auf diese Weise Seele, Geist und Körper gleichermaßen zu stärken und zu bereichern.

Unter diesem Aspekt ist das Erzengel-Mandala ein manifestiertes Kraftsymbol, das sich als Medium versteht, über das man mit Hilfe der eigenen Vorstellungskraft den Zugang zum Kreis der sieben Großen Erzengel finden kann, um auf diese Weise eine reelle Wahrnehmung ihrer Hilfe zu gewinnen, die für unsere Weiterentwicklung und für unser Vorwärtskommen auf dem Weg zum Licht ein unermeßlich großer Segen sind.

Erzengel-Meditation

Diese nun folgende Meditation ist uns aus dem hohen Bereich der sieben Erzengel zugedacht, damit wir uns daran aufrichten und ermutigen können, unseren Weg mit Freude und mit der Gewißheit fortzusetzen, daß wir geführt und geleitet sind und daß es in unserer Macht liegt, diese Führung zu verstärken und noch ausdrucksvoller zu gestalten. Dies können wir tun indem wir uns bewußt mit der liebevollen Hilfe der Erzengel verbinden, um ihnen damit die Möglichkeit zu geben, durchgreifend und sichtbar helfen zu können. Dazu ist unser freier Wille erforderlich, um dieses in vollendeter absolut greifbarer Form in Erfüllung zu bringen.

Nun geht das Wort an uns, und wir sind dazu bereit, unser Herz zu öffnen und ihm zu lauschen, um damit erfüllt unsere Wegstrecke in dem Bewußtsein zu vollenden, geliebte Wesen zu sein, die aus einem hohen geistigen Bereich heraus mit Liebe, Zuneigung und Anteilnahme in ihrem Dasein unterstützt und begleitet werden.

Damit wollen wir uns also diesen Worten zuwenden und dabei in uns fühlen, was durch die darin beinhalteten Schwingungen zu uns herüberklingt und welche Hoffnung, Zuversicht und Glückseligkeit daraus zu entnehmen ist, wenn wir uns dem Wort der Liebe in aufgeschlossener und bereitwilliger Art öffnen.

Diese Meditation ist in der ICH BIN-Form gesprochen, um die Worte in unserem „Göttlichen Funken“, der Gottgegenwart in uns, aufnehmen und verinnerlichen zu können:

ICH BIN bereit, mein Dasein in die Hände der Erzengel zu legen, damit sie mich führen und leiten können und auf daß mir dadurch die Liebe zuteil werden kann, nach der ich mich so sehr sehne und die meinem wahren Wesen entspricht.

ICH BIN die Glaubenskraft an den Göttlichen Willen, der durch mich seinen vollkommenen Ausdruck finden kann.

ICH BIN die allumfassende Macht meines Verstandes und meines Geistes, der sich durch mein Herz ausdrücken und manifestieren kann.

ICH BIN die bedingungslose Liebe, Güte und Barmherzigkeit, mit der ich meinem Nächsten entgegentrete, um ihn so zu segnen.

ICH BIN die Klarheit und Reinheit meiner Gedanken, Worte und Werke, die durch mich in die Materie fließen und sich dort segensreich materialisieren.

ICH BIN vollkommene Gesundheit an Körper, Geist und Seele und drücke durch mich die Wahrheit aus, die sich aus der Göttlichen Ordnung herleitet.

ICH BIN Freude und Dankbarkeit für die Gnade der Schöpferkraft Gottes, die durch mich in mein Dasein fließt und dieses veredelt und mit Licht erfüllt.

ICH BIN die bereinigende Macht meines Daseins, das ich mit der Umwandlungskraft der violetten Flamme vollkommen befreien und erlösen kann.

In diesen Worten liegt mein ganzes Dasein klar vor mir, und ich erkenne die Liebe des VATERS, der mich in SEINE Obhut genommen hat und mit allem und jedem versorgt, was ich für mein Weiterkommen benötige.

ICH BIN deshalb aus tiefstem Herzen dankbar und mit Freude erfüllt, weil ich weiß, daß mein Weg durch die Zeit eine kurze Spanne meines Daseins ist, das ich in alle Ewigkeit zu führen auserwählt bin.

In meinem Herzen ist ein Licht entfacht, das mir den Weg durch die Zeit erleuchtet und das ich als ein Zeichen der Liebe in mir fühlen kann – einer Liebe, die mir aus hohen jenseitigen Gefilden entgegengebracht wird und die ich in mir als eine wärmende, nährende und hilfreich umhüllende Energie verspüre, der ich mich dankbar öffnen und anvertrauen möchte.

ICH BIN gesegnet worden und gelabt aus der „Großen Quelle“ des „Ewigen Lebens“, die durch mich hindurchströmt und die mein Dasein erfrischt, belebt und mich zu Erkenntnissen befähigt, die mir auf meinem Weg durch die Zeit weiterhelfen.

ICH BIN erfüllt mit allem Guten, Schönen und Edlen und deshalb ein Mensch, der sich in der Fülle seines Daseins mit allem versorgt sieht, was dazu beiträgt, weise, geläutert und vergeistigt in ein neues Dasein überwechseln zu können, nach dem sich meine Seele innig sehnt.

ICH BIN ermächtigt, alles zu erbitten, was mir dazu verhilft, meine Gottgegenwart ICH BIN in vollkommener Weise ausdrükken und verwirklichen zu können.

ICH BIN das LICHT des LEBENS und damit wahr und ewig

So ist es
Dank sei Gott

Über die Autorin

© Fotostudio Anny Pucher

Waltraud-Maria Hulke hat mit ihren Bestsellern „Handbuch der heilenden Energien", „Das Farben-Heilbuch" und „Das Farben-Energiebuch" schon viele Leser begeistert.

Sie wurde 1942 in Kärnten/Österreich geboren und stammt aus einer Arztfamilie, weshalb sie schon frühzeitig mit Krankheit und Leid konfrontiert wurde. Aus diesen Erfahrungen heraus wuchs ihr starkes Interesse an natürlichen Heilmethoden und sie begann sich sehr intensiv damit zu beschäftigen.

Eine besondere Faszination übten die Farben und ihre Heilkraft auf sie aus und deshalb widmete sie sich jahrelang der Erforschung ihrer Wirkung auf Körper und Psyche des Menschen.

Weitere Forschungsarbeiten auf dem Gebiet der Bach-Blüten und Magnetenergie („Das große Handbuch der Magnetheilung") folgten. Nach einer Ausbildung zur Aura-Soma-Farbtherapeutin sowie zum *Spiritual Healer NFSH* und zum *Crystal-Healer ICCH* (England) arbeitet sie heute auf diesem Gebiet und hält Vorträge und Seminare ab.

Wenn Sie mit Waltraud-Maria Hulke Kontakt aufnehmen möchten oder sich für eines ihrer Seminare interessieren, finden Sie im Internet unter

www.windpferd.com

Aktuelles ebenso wie Informationen über weitere Bücher und Musik zum Thema Engel. Außerdem können Sie sich dort das gesamte Windpferd-Programm ansehen.

Sollte Ihnen der postalische Weg angenehmer sein, dann schreiben Sie bitte unter Anlage eines frankierten und adressierten Rückumschlages an: Windpferd Verlag, Stichwort: „Erzengel", Postfach, 87648 Aitrang.

Waltraud-Maria Hulke

Das große Handbuch der Magnetheilung

Ein umfassendes und praktisches Anleitungsbuch

Hier wird Umfassendes und Engagiertes zur Magnettherapie vorgestellt. Westliche und östliche Ansätze zur Erforschung und Praxis der Magnettherapie ergänzen sich. Dabei stehen immer die praktischen Einsatzmöglichkeiten im Vordergrund: Magnetmassage, Magnetpunktur, die Wirkung von magnetisiertem Wasser, magnetisierte Schönheitsmittel... und nicht zuletzt auch die spirituelle Bedeutung des Magneten.
Die Autorin legt dabei stets großen Wert auf eine schonende und ganzheitliche Behandlung. Wir erfahren Interessantes über die Geschichte der Magnete und nicht zuletzt auch über ihre hohe spirituelle Bedeutung. Westliche und östliche Ansätze in Erforschung und Praxis der Magnettherapie ergänzen sich zum Wohle der zufriedenen Anwender.

160 Seiten, ISBN 3-89385-274-3
ca. DM 24,80/SFr 23,00/ÖS 181,00

Roland Rottenfußer

Lichtvolle Magie mit Kerzen

Rituale, Magie und Symbolik der Kerzen
Ein umfassendes Handbuch über die symbolische Bedeutung der Kerzen in der Mystik bis hin zur praktischen Kerzenmagie mit geheimnisvollen Ritualen und Beschwörungen

Kerzen sind unsere ständigen Begleiter. Ob in der Kirche oder beim romantischen Abendessen, ihr magisches Licht war und ist immer dabei. Kerzen gehören zur lichtvollen Seite der Magie. Mit der Wahl der richtigen Formel, in Verbindung mit einer Astro- oder Planetenkerze, gesalbt, duftend, von besonderer Farbe und nach Vorschrift auf dem Altar arrangiert, werden viele Wünsche Wirklichkeit. Ein bezauberndes, liebevoll illustriertes Buch, das Lust auf Mystik und Magie mit Kerzen macht.
Ein exzellenter Geschenktip – zusammen mit einer Kerze.

128 Seiten, ISBN 3-89385-292-1
DM 24,80/SFr 23,00/ÖS 181,00

Lise Bourbeau

Dein Körper sagt: «Liebe dich!»

Die metaphysische Bedeutung von über 500 Gesundheitsproblemen mit ihren emotionalen, mentalen und spirituellen Ursachen

Lise Bourbeau ist eine der erfolgreichsten spirituellen Lehrerinnen unserer Zeit. Mit diesem wertvollen Ratgeber zeigt sie anhand von 500 Gesundheitsstörungen, wie Krankheitsursachen frühzeitig erkannt und nachhaltig verändert werden können. Im Zentrum ihres Wirkens steht das Reifen der Seele. Dieses Reifen bedeutet, sich und andere anzunehmen und zu lieben. Dazu gehört auch das ganz bewußte Wahrnehmen subtiler Körperbotschaften. – Sie zeigen an, wo wir an unsere physische, emotionale und mentale Grenze gelangen. Ein sensibles Nachschlagewerk, mit dem wir Gesundheit, Glück, Liebe und Harmonie finden können.

ca. 320 Seiten, ISBN 3-89385-277-8
ca. DM 29,80/SFr 27,50/ÖS 218,00

Constanze Heynold

Engel – Liebe ist der Weg

Engel sprechen zu uns, sie haben Botschaften aus der unsichtbaren für die sichtbare Welt, um den Menschen zu helfen und sie zu beschützen

Die Autorin möchte Menschen ermutigen, Engelkräfte in sich und in der Natur wahrzunehmen und ihre Botschaften zu entschlüsseln. – Sie zeigt Wege auf, wie wir mit unseren spirituellen Begleitern in Verbindung treten und ihre heilende und friedvolle Schwingung spüren können. Aufwendig illustriert und liebevoll gestaltet ist dieser Band eine wunderbare Mischung aus einer Fülle von Wissenswertem, vereint mit ganz praktischen Anleitungen für die Begegnung mit Engeln.
Das Buch enthält die Botschaft, daß außer unserer sichtbaren Welt, in der wir leben, noch eine unsichtbare, geistige Welt existiert.

144 Seiten, ISBN 3-89385-283-2,
DM 29,80/SFr 27,50/ÖS 218,00